NICOLAS ALLARD

FIN DU JE(U)

EDITIONS DE L'ONDE ETOILEE

À Megève, mon cher village

Voilà. Ça y est. C'est terminé. Tout est fini. Et dire que je n'ai que trente-trois ans...

*

Seul. Personne autour de moi. Je songe à tout ce que j'ai fait. À tout ce que j'ai accompli. Beaucoup. Peu. Cela dépend du point de vue...

*

Je crois avoir fait de mon mieux. J'en suis même sûr, en fait. Était-il possible de faire plus ? Sans doute. Mais n'est-ce pas toujours le cas ? Tout ne dépendait pas de moi, de toute façon...

*

Une vie s'achève. Une autre commence. C'est là l'ordre des choses. Je le savais. Je m'y étais préparé. Du moins, j'avais essayé de m'y préparer. Mais peut-on réellement se préparer à ce genre d'expériences ? N'est-ce pas fondamentalement contre-nature ? Me serais-je trompé ? Trompé de voie ? Trompé de destin ? N'était-ce pourtant pas la décision la plus rationnelle ?

*

Besoin de dormir. D'entrer dans un long sommeil. Faire le point. Sur tout ce que j'ai vécu. Sur tout ce qui a pu m'arriver. De bon comme de mauvais. Aurais-je dû le faire avant ? Je ne pouvais pas. Et, peut-être, ne le voulais-je pas ?

*

Je m'appelle Antoine. Antoine Moreno. Je suis né il y a un peu plus de trente-trois ans. D'un père aimant et d'une mère aimante. Jean et Marianne. Papa et Maman. Je n'ai jamais vraiment su pourquoi ils m'avaient appelé Antoine. Pas de grands-pères ou d'ancêtres avec le même prénom. Ils devaient trouver cela joli, je suppose...

*

Moreno. Moreno. Un nom qui fleure bon l'Espagne. Le brun. Voilà ce qu'il veut dire. Brun ? C'est ce que je suis. Brun aux yeux noirs. Les gens me trouvent plutôt joli garçon. Pourtant, je suis seul. Depuis un certain temps déjà. Je l'avais accepté. Je ne l'accepte plus.

*

Marie. Marie. J'aimais Marie. Intensément. Passionnément. Peu de gens le savent, mais c'est mon amour pour elle qui nous a séparés. Définitivement. Marie. Marie... Je te regrette... Encore plus maintenant... Si tu étais là, tout serait tellement différent... Mais je t'ai perdue, Marie... Pourrais-je jamais te retrouver ?

*

J'ai des idées noires. Elles vont et viennent. Disparaissent. Ressurgissent. Elles ne me dominent pas. Mais elles me perturbent. Envie de tout arrêter ? Non. Si je suis dans cet état, c'est précisément parce qu'il a déjà fallu que je m'arrête...

*

Continuer ? J'y avais bien songé. Mais je ne voulais pas m'attarder trop longtemps. Je voulais quitter ce monde en pleine gloire. En étant encore au sommet de mon art. Sommet ? Il ne faut pas s'y tromper : je commençais à connaître le déclin. Mais j'ai su feindre. J'ai mis à profit mon expérience pour que rien ne paraisse. Certains – les plus malins, les plus avisés – l'avaient perçu. Mais tous considéraient qu'il m'était encore possible de continuer. Combien de temps ? Un an ? Deux ans ? Peut-être trois ? Je n'en sais rien...

*

Je vais courir. Chaque matin. Cela me fait du bien. Un bien fou.
Je sens que mon corps a besoin d'être en activité. Il a été habitué à
être en mouvement. Il exige de moi des efforts. Au quotidien. Il
me le fait payer, sinon. Je finis par me sentir mal lorsque je ne
bouge pas.

*

Remplir le vide. Ce nouveau vide. Ou plutôt ce vide nouveau.
Inédit. Je n'ai jamais été confronté à une vacuité de la sorte. J'ai
pu me sentir plat. Remettre parfois en question l'intérêt de ce que
je faisais. Souvent en juin. En décembre aussi. Et puis cela
passait. J'étais à nouveau focalisé sur un objectif précis. Mon
travail sollicitait mon cerveau. J'en plaisantais parfois en disant
qu'il l'anesthésiait. Cela ne me fait plus rire désormais. J'ai pris
conscience de son importance. Et dire que j'étais content de partir
au bon moment...

*

C'est Marie qui m'a donné ce cahier sur lequel j'écris. J'ai reçu beaucoup de cadeaux au moment de mon départ. Tous plus beaux les uns que les autres. Surenchère de luxe. Des montres. Des bijoux. Une nouvelle voiture... Vous avez compris. Inutile de dresser la liste complète. Je l'ai déjà fait pour tous les remercier. Beaucoup de cadeaux, donc. Beaucoup de cadeaux de valeur. Mais aucun n'était aussi cher à mes yeux que celui de Marie. Marie. Marie Aimer comme a dit Ronsard...

*

Marie. Marie. Je pense à toi tout le temps. À nos années heureuses. Le bonheur semblait sans limites à tes côtés. Pourquoi donc ai-je voulu le limiter ? Pourquoi ai-je décidé d'être mon propre bourreau du bonheur ? Marie. Si tu savais. Je sais que tu n'as pas compris. Que tu as été surprise. Tu ne t'y attendais pas. Personne ne s'y attendait, en fait. Pas même moi. Je n'ai pas réfléchi. Il fallait que je le fasse. Il fallait que je te libère. Peut-être parce que j'avais trop réfléchi, avant...

En me livrant à cette écriture, je redeviens en un sens le garçon que j'ai été. Le garçon que tu as aimé. Je ne suis plus le même depuis longtemps. Je ne suis plus un adolescent. Ni même un jeune adulte. Tout cela semble loin derrière moi, maintenant. J'ai tourné une page sur ce que j'étais. Il faut que j'invente un nouveau moi. Mais comment ? Le saurais-tu, Marie ?

*

Courir. Courir pour oublier. Courir pour occuper le corps. Courir pour occuper l'esprit. Le vider. L'affaiblir. Le rendre plus docile. Courir.

*

Tout n'est pas noir. Non, tout n'est pas noir. Et pourtant, je ne vais pas bien. C'est étrange, non ? À bien y réfléchir, je crois au contraire que mon mal-être est normal. J'ai fait ce que j'avais à faire. Je suis allé au bout de cette expérience. Désormais, que me reste-t-il à accomplir ? Que puis-je apporter d'autre ? Que sais-je faire d'autre ? Je ne suis pas dénué de qualités. Mais que faire ? Et pourquoi ? Ai-je réellement besoin, maintenant, de tout recommencer ? Où est la nécessité ?

*

Des heures de travail. Des heures d'efforts. Je suis allé au-delà de ce que je pouvais imaginer. Au-delà de moi-même. J'ai repoussé toutes mes limites. Il le fallait. Je n'avais guère le choix. Sinon... que serais-je devenu ? Ma situation n'aurait-elle pas été bien pire que ce qu'elle est maintenant ? Certainement. Cela ne fait aucun doute. Et en même temps... ma vie aurait pu être meilleure... Je n'en ai pas la certitude... mais j'en ai le sentiment... J'ai vécu de belles choses... mais beaucoup d'autres belles choses m'auraient attendu sinon...

*

Tout est une question de valeurs. La vie est une question de valeurs. Je le comprends seulement maintenant. Non pas que je manque moi-même de valeurs. Ce n'est pas ce que je voulais dire. Dans mon travail, mes valeurs m'ont parfois coûté. C'est sans doute la raison pour laquelle je me suis fait si peu d'amis. Et pourtant, j'aimais mon travail. Œuvrer en équipe. Construire un projet collectif. Savoir que c'est ensemble que l'on réussira. Partager les succès comme les échecs. J'aimais cela. J'aimais cette idée. Mais je n'aimais pas forcément mes collègues. Tous n'étaient pas intelligents. Tous n'étaient pas polis. Tous n'étaient pas respectueux. Des mercenaires. Voilà ce que certains d'entre eux étaient. Des mercenaires prêts à se donner au plus offrant. Une fidélité conditionnée. Conditionnelle. Je n'étais pas comme cela. Du moins, j'ai essayé de ne pas trop l'être... Mais je dépendais d'un milieu. D'une ambiance. Je suis réaliste : ce n'est pas moi qui allais tout changer...

*

Valeurs. Ce terme me plaît. Je le comprends mieux, maintenant. Lorsque tout est déjà fini. Lorsqu'il est déjà trop tard. J'aurais dû fonder mon existence sur les valeurs. Les valeurs auxquelles je tenais vraiment. Pas celles qui étaient appréciées par les gens de mon milieu professionnel. L'argent ? J'en ai gagné. Beaucoup. Jamais dans mes rêves les plus fous je n'aurais imaginé en gagner autant. Incroyable. Pouvoir s'offrir ce que l'on veut. Sans avoir à réfléchir. Sans devoir se dire que l'on économisera, ou que l'on fera attention ensuite. Mes parents n'ont jamais eu ce plaisir. Ils n'étaient pas pauvres. Ils n'étaient pas riches. Riches ? Ils n'ont jamais voulu le devenir. Tout juste ont-ils accepté que je leur achète une maison. J'aurais pu leur offrir plus. Beaucoup plus. Mais eux ne l'ont jamais accepté. Peut-être justement parce qu'ils possédaient certaines valeurs...

*

L'argent. L'argent n'a jamais été mon moteur. Bon, en disant cela, je mens quand même un peu. Disons que l'argent était pour moi un moyen d'assurer mes arrières. De ne plus jamais avoir le souci du lendemain. J'ai gagné assez jeune beaucoup d'argent. Je n'ai donc jamais directement connu les fins de mois difficiles. Mais je les ai connues à travers mes parents. Je sais que tout n'a pas été toujours simple pour eux. Qu'ils ont dû faire certains sacrifices. Pour moi. Pour me permettre de faire ce que je voulais faire. Pour m'offrir cette formation prestigieuse. Je crois que j'ai eu envie de réussir pour eux. Pour leur témoigner ma gratitude. Pour leur montrer qu'ils n'auraient plus jamais à s'inquiéter. J'avais envie de prendre soin d'eux. Comme ils ont pris soin de moi quand j'étais petit. Je suis tranquille désormais. Je n'ai plus à travailler. Je suis retraité. Retraité ! À trente-trois ans...

*

Je pouvais continuer. Rien ne m'empêchait de le faire. J'avais un contrat. Personne ne m'a mis à la porte. C'est moi, et moi seul, qui ai décidé de partir. Ma décision a surpris tout le monde. Tout le monde. Personne ne s'y attendait. Personne ne l'avait vu venir.

Ai-je recherché cet effet ? Un peu... Beaucoup... Je crois que j'avais vraiment envie de partir en beauté. De surprendre tout le monde. J'ai fait le buzz pendant une journée entière avec cette annonce. Je ne cessais de recevoir des messages. Partout. Tout le temps. Sur Facebook. Sur Twitter. Sur ma boîte mail. Sur mon portable. Tous ceux qui me connaissaient de près ou de loin ont cherché à me contacter. Certains voulaient me témoigner leur sympathie. D'autres me dire leur surprise. Tous voulaient savoir. Comprendre. Pourquoi une telle décision ? Partir en beauté. Partir en pleine gloire. Je voulais être Achille. Achille. Comme lui, j'ai en quelque sorte mis fin à ce que j'étais. Pour la gloire.

*

Une musique assourdissante. Des lumières qui ne cessent de bouger et de se modifier. Et pourtant, nous sommes dans le noir. Tout tourne autour de moi. Je tourne moi-même par moments sur mon propre corps. Tout n'est que déchaînement physique. Relâchement. Nous nous amusons. À notre façon. Nous ne sommes plus des êtres de pensée. Nous retrouvons notre animalité. Il n'y a pas de mal à cela. Au contraire : cela fait du bien. N'est-ce pas le principe de la boîte de nuit ?

*

Un bruit assourdissant. Comme je n'en ai jamais entendu auparavant. Je suis saisi d'une émotion indescriptible. Mais je ne tremble pas. Pourquoi trembler ? Je suis heureux. Euphorique. C'est fait. Je viens de marquer mon premier but chez les professionnels.

*

Des buts. J'en ai marqué. Plus de deux cents dans toute ma carrière. Rien ne peut toutefois remplacer l'émotion du premier but. On voit alors les images défiler au ralenti. Comme si, d'acteur, l'on devenait subitement spectateur. C'est une sensation incroyable. Et très plaisante. Un peu comme l'amour. Mais je suis bien placé pour savoir que les deux ne sont pas semblables... On dit parfois que l'amour est une drogue. Un opium qui nous fait oublier, l'espace d'un instant, que nous sommes des êtres mortels. Ma drogue à moi a été le football. Pendant plus d'une quinzaine d'années. Du centre de formation de l'Olympique de Marseille aux plus grands clubs professionnels européens. J'ai aimé cette vie. Je l'aime encore. Mais elle est terminée, désormais. Il ne me reste plus rien. Je la contemple, comme quelqu'un contemplerait la vie qu'il vient de perdre. J'ai cette chance et cette malédiction. Je ne suis définitivement plus un acteur. Non. Je suis désormais le spectateur impuissant de mes glorieuses années...

*

Entraîner. Commenter. J'y ai pensé. Beaucoup y ont pensé pour moi. Ça ne m'intéresse pas. Ce que j'aimais, c'était jouer. Jouer. Jouer. Pas entraîner. Être au bord du terrain... Voir les autres courir... Je ne pourrais pas. Je ne le supporterais pas. J'ai besoin d'être directement dans l'action.

Que faire ? Que puis-je faire ? Je songe à l'Harpagon de Molière, qui ne sait où aller. Retrouver sa cassette. Retrouver son argent. Plus précieux que tout. Je n'ai pas besoin d'argent. J'en ai suffisamment. C'est bien là le problème. Je suis confronté à une situation qui n'a pas d'égale. Je suis jeune. J'ai trente-trois ans. Je me sens capable de faire beaucoup de choses. Et pourtant, je n'en ai pas la nécessité. J'ai amassé assez d'argent pour ne plus jamais me poser la question de l'argent. Travailler ? Mais pour quoi faire ? Jamais je ne gagnerais autant que ce que j'ai pu gagner. Commentateur ? Entraîneur ? Les sommes que je toucherais n'équivaudraient jamais à celles que j'ai perçues durant ma carrière de joueur. Comment puis-je dès lors me motiver ?

*

J'ai été habitué à avoir des objectifs. Gagner des matchs. Gagner des titres. Me montrer supérieur à mon adversaire. Je sais faire. Je sais trop faire. Déformation professionnelle. Certains fonctionnent à l'affectif. Moi, je fonctionne à l'objectif. J'ai besoin que l'on me fixe des défis. Un besoin viscéral. J'ai besoin de repousser mes limites. De me sentir chaque jour meilleur. Mais je ne peux plus. Plus personne ne viendra me demander de rendre des comptes. Les seules personnes qui vont désormais m'entourer seront à mon service. Au service de mon argent. C'est moi qui vais leur donner des objectifs. Je me sens nu face à la vie...

*

Millionnaire parce que je jouais bien au foot. Millionnaire parce que je tapais mieux dans un ballon que la plupart des hommes de ma génération. Millionnaire parce que j'ai su devenir plus fort que ceux qui étaient déjà forts. Millionnaire parce que l'on était satisfait de mon rendement. Mais millionnaire sans titre majeur. Quelle ironie ! Je comprends que nos revenus puissent choquer. Contrairement à beaucoup de mes coéquipiers, je n'ai jamais considéré ces sommes avec désinvolture. J'avais conscience que nous étions des privilégiés. Faudrait-il nous payer moins ? Sûrement. Mais comment changer le système ? Après tout, si nous sommes payés autant, c'est pour des raisons bien précises. Le football génère beaucoup d'argent. Les clubs sont dans une logique concurrentielle. Ils veulent absolument avoir les meilleurs joueurs. Pour conquérir plus de titres. Mais les titres sont en nombre limité. Faire de bonnes saisons, d'accord. Mais un club peut traverser des décennies sans remporter de titres majeurs. Certains joueurs aussi...

*

Quand j'y pense, je n'ai été payé qu'à marquer des buts. Il y a là bien sûr quelque chose de vain, quelle que soit la carrière que j'ai eue, quel que soit le joueur que j'ai été. Mais cette vanité inhérente à ma fonction est encore plus grande maintenant que la fin est venue. J'ai marqué. Beaucoup. J'ai gagné. Beaucoup. J'ai remporté des matchs. Beaucoup. Les titres ? Je n'en ai finalement remporté aucun de majeur. Quelques coupes nationales. Deux titres de champion. Rien de bien transcendant. Je rêvais de jouer la coupe du monde. Je l'ai jouée. Mais je ne l'ai pas gagnée. On ne peut pas tous être Pelé ou Zidane...

*

Les filles. J'ai souvent été entouré de filles. Je le suis toujours, d'ailleurs. Mais moins qu'avant. Il faut dire que je n'ai plus la même notoriété. J'ai toujours un nombre important de *followers* sur Twitter. Ma page Facebook enregistre toujours un grand nombre de J'aime. Mais je ne suis pas pour autant aimé de quelqu'un. J'ai été avec des filles pendant ma carrière. Je dois dire que j'ai été plutôt gâté. Physiquement s'entend. Je ne dirais pas que toutes ces filles étaient inintéressantes et superficielles. Ce serait leur faire injure. Ce serait aussi tomber dans un cliché un peu facile. Je ne peux toutefois que constater qu'aucune n'a su véritablement toucher mon cœur. Sans doute parce que je ne cessais dans le même temps d'être amoureux. Mais c'était trop tard...

*

Je viens de recevoir le texto d'une ex. Elle voudrait me revoir. Elle aimerait que nous allions prendre un verre. Pourquoi pas ? Je l'aimais bien, après tout...

*

Clara est vraiment mignonne. Je dis cela sans mépris ni ironie. Je pense simplement que c'est l'adjectif qui lui correspond le mieux. J'aime son côté attentionné. Sa grâce naturelle. C'est une fille que l'on ne peut qu'apprécier. Elle voulait savoir comment j'allais.

« J'ai bien pensé à toi, tu sais... »

Je sais que ce n'est pas une personne intéressée. Elle ne recherche ni la gloire ni les paillettes. Je ne sais pas en revanche si elle a toujours des sentiments pour moi. Notre séparation s'était faite sans effusion, presque naturellement en fait. C'est étrange. Elle me rappelle Marie par certains aspects. Mais elle n'est pas Marie. Non pas que Marie ait été pour moi une obsession. Je ne l'ai pas revue depuis des années. Je ne pensais pas vraiment à elle lorsque je fréquentais d'autres femmes. Mais, depuis la fin de ma carrière, son image me hante. Je ne cesse de repenser à sa fraîcheur. À son naturel. À sa beauté. À sa douceur... Peut-être ne suis-je amoureux que d'une image ? Peut-être n'est-elle qu'un moyen de repenser à mon passé ? De le retrouver ? Peut-être n'est-elle plus qu'une construction de mon esprit ?

*

« Tu devrais reprendre ta carrière ! Je suis sûr que tu serais encore très bon ! »

L'enthousiasme de Clara me fait du bien. Elle n'est pas la première à me proposer de rechausser les crampons. Mais elle est la seule à me le proposer plusieurs semaines après mon dernier match. Je songe de plus en plus à recommencer. Je sais qu'il me faudra un temps d'adaptation. Mais je suis prêt à l'accepter. J'ai besoin de retrouver des objectifs. D'être à nouveau sur le terrain.

Courir. Dribbler. Marquer. Je ne sais faire que ça.

*

Mon retour ne s'est pas déroulé comme je l'imaginais. Il n'y avait pas une foule considérable aujourd'hui pour ma conférence de presse. J'aurai tout juste le droit à un petit article dans *L'Équipe*. Avec peut-être une photo. Il faut que je m'y fasse. L'actualité défile dans notre monde à toute vitesse. J'ai été. Puis-je être à nouveau ? J'ai quitté la place. Ma place. Entre-temps, d'autres ont occupé l'espace. On m'a bien regretté dans les premiers temps. Mais on m'a peu à peu oublié. Je ne sais pas si j'ai bien fait de revenir. Le temps le dira.

*

Je cours. Je cours de toutes mes forces. Mais Paul et Luis vont plus vite. Même Léo, le néophyte brésilien, est désormais plus rapide que moi. La vitesse. C'était pourtant ma force. Ma principale force. Je n'avais pas spécialement une grosse frappe de balle. Mais je courais vite. Plus vite que beaucoup. Et je savais comment me placer sur le terrain. Je rendais fous les défenseurs adverses. Avec le temps, j'ai appris à ruser encore plus. Tirer discrètement le maillot des défenseurs. Jouer subtilement avec le hors-jeu. Mais je ne cours plus aussi vite. Je le voudrais. Mais je ne peux pas. Je ressens le poids des années. Je me fatigue plus rapidement aussi. Je n'ai plus la même vivacité. On ne parle plus de moi comme de l'avant-centre numéro un. Mais comme de celui qui vient apporter son expérience au vestiaire. Je ne voulais pas connaître cela. C'est fait. Je l'ai connu. À vouloir revivre mon ancienne vie, j'ai définitivement tué le footballeur talentueux que j'étais. Certains réussissent leur retour. À l'évidence, j'ai raté le mien...

*

Je viens de recevoir une pluie de critiques sur Twitter. Des gens que je ne connais pas, et qui ne me connaissent pas, m'ont adressé plein de petites phrases assassines. Petites non pas parce qu'elles sont sans effet. Petites parce qu'elles sont mesquines. Petites parce qu'elles sont injustes. Petites parce qu'elles sont réductrices. Comment juger une personne sur une seule performance ? Je sais que j'aurais dû transformer ce penalty. Que quelqu'un ayant mon expérience n'aurait jamais dû flancher à ce moment-là. Mais je suis humain. Donc faillible.

*

Je n'ai pas réussi à trouver le sommeil. Tous ces commentaires m'ont fait trop mal. Ces gens, qui sont-ils pour me juger ? Passe encore leurs fautes de style ou d'orthographe... Ce n'est pas le plus choquant. Mais leurs critiques... Aucun d'entre eux n'a jamais pratiqué un sport à mon niveau de professionnalisme. Et ils se permettent de me juger. De me mettre plus bas que terre. Pourquoi une telle violence ? J'ai l'impression que les réseaux sociaux favorisent nos mauvais penchants. Bien calé devant son ordinateur, l'internaute se lâche en débitant toutes sortes de critiques. C'est à celui qui trouvera la meilleure phrase méchante, reprise aussitôt en boucle par des milliers d'internautes. Drôle de sport. Je connaissais la versatilité de ces réseaux. Je l'ai surtout connue à la fin de ma carrière, quand Twitter et Facebook ont commencé à prendre beaucoup d'importance. Elle ne me choquait pas autant. Elle me choque beaucoup maintenant, avec le recul qui est le mien. Ceux qui écrivent ces textes devraient prendre le temps de réfléchir. Oui, c'est vrai, je gagne beaucoup d'argent. Mais je n'en reste pas moins un être humain. Être un personnage public implique-t-il de devenir ponctuellement la proie favorite d'une flopée d'inconnus ?

*

Je sors à nouveau avec Clara. Je crois que j'en avais besoin. Je sais, je vais passer pour un égoïste. Mais j'assume. Je ne pouvais pas rester seul. Pas maintenant. Pas à un moment où j'étais si mal. Avoir quelqu'un à la maison, le soir, après les matchs et les entraînements, me réconforte. Je fais moins attention à ce qui se passe autour de moi. Clara m'interdit d'aller regarder les réseaux sociaux. Ce n'est pas une mauvaise chose : je passais trop de temps sur internet...

*

Je n'ai pas eu de nouvelles de Marie. À vrai dire, je n'en ai plus depuis longtemps. Mais ce cahier électronique sur lequel j'écris... Ce cahier qu'elle m'a offert... me fait souvent songer à elle. C'est étrange qu'elle m'ait fait parvenir ce cadeau pour ma retraite. Elle n'a mis aucun mot précis. Elle a juste signé. Cela ne m'étonne pas d'elle. C'est un être sensible et pudique. Le moindre mot eût été, en un sens, déplacé. Même le mot le plus quelconque aurait sonné faux. Qu'écrire à une personne que l'on n'a pas revue depuis des années, et qui a été beaucoup pour soi ? Quelle perception Marie a-t-elle désormais de moi ? Elle pouvait continuer à me regarder à la télévision, chaque fois qu'un de mes matchs était diffusé. Elle m'a ainsi vu évoluer, passer de l'adolescent à l'adulte. Je n'ai pas pu en faire autant avec elle. Elle est aujourd'hui pour moi une énigme. J'ignore ce qu'elle fait. Je ne sais pas à quoi elle ressemble. A-t-elle changé sa coupe de cheveux ? Est-elle mariée ? A-t-elle des enfants ? J'aimerais posséder toutes ces informations et, en même temps, la seule perspective d'avoir une réponse à mes questions me fait peur...

*

J'ai enfin accompli une performance satisfaisante. Je n'ai pas marqué, mais j'ai fait marquer. Avant, j'aurais trouvé cette prestation tout juste passable. Mais j'ai appris à me contenter de ce que je suis devenu. Enfin, je crois... Je ne sais pas... Je crois... Je crois que j'ai de plus en plus envie d'arrêter... Je ne supporte plus les regards qui sont portés sur moi. Il n'y a pas si longtemps, j'étais la vedette. Celui sur qui beaucoup d'espoirs reposaient. J'ai d'abord été le petit jeune prometteur. Puis je suis parvenu à faire ma place. À devenir titulaire. À devenir un élément essentiel de mon équipe. Avant d'en devenir l'atout principal. J'ai gravi les échelons, pas à pas, atteignant un niveau qui auparavant m'aurait semblé inaccessible. Je commençais à décliner un peu lorsque j'ai décidé d'arrêter. La coupure avec le haut niveau a été trop brutale pour mon corps. Ma tête veut toujours, mais mon corps ne suit plus. Non pas qu'il n'aime pas être en activité. Mais il ne supporte plus d'être sollicité de manière aussi intense. Il y a de quoi s'interroger...

*

Je commence à retrouver une place de titulaire. La blessure de notre attaquant argentin Luis n'y est pas étrangère. Mais je sens que je le dois aussi à mon bon travail. Je retrouve quelques sensations. Elles ne sont pas extraordinaires. Mais elles suffisent à mon bonheur de l'instant. Ma vie avec Clara est de plus en plus harmonieuse. Combien de temps cela pourra-t-il durer ?

*

J'ai marqué. Ce but a eu une saveur particulière pour moi. Je pensais le savourer pleinement. Connaître une joie similaire à celle de mon premier but chez les professionnels. C'est-à-dire une joie spéciale. Différente de celle du buteur habitué à marquer à chaque match. Je ne m'étais pas trompé. Ma joie a bien été différente. Mais elle n'a pas été telle que je l'imaginais. J'ai ressenti comme un goût amer dans la bouche. J'ai été remplacé peu après avoir marqué. Le public m'a ovationné. Mon entraîneur et tous mes coéquipiers sont venus me féliciter. C'était sympa. Autrefois, je n'aurais pas aimé sortir du terrain. J'aurais perçu mon remplacement comme le signe que je jouais mal. J'aurais sans doute pesté contre mon entraîneur. Mais pas cette fois-ci. J'en avais besoin. Je sentais bien que mon corps commençait à fatiguer. Mon entraîneur l'a bien compris : il m'a adressé un regard complice sur le banc de touche. Cette fois, ça y est : je vais arrêter. Je sens que c'est le moment.

*

Dans le vestiaire, j'ai annoncé ma décision à mon entraîneur et à mes coéquipiers. Personne n'y a d'abord cru. Certains ont ri, pensant qu'il s'agissait d'une plaisanterie de ma part.

« Tu nous refais le coup de "j'arrête parce que je me sens trop vieux" ! »

« T'aurais dû trouver autre chose, Toto, franchement ! Tu nous prends vraiment pour des gamins ! »

Mon entraîneur était le seul à me regarder plus sérieusement. Il avait compris avant tout le monde.

*

Me voilà de nouveau retraité. Pour la deuxième fois en l'espace de quelques mois. Situation peu commune. Les médias se sont empressés d'écrire des papiers sur « le mystère Antoine Moreno ». Certains ont fait appel à des psys, qui ont tenté de livrer au monde l'état instable et complexe de ma psyché. J'ai fait le dos rond. Je n'imagine même pas ce qui a pu se dire sur les réseaux sociaux. Ou plutôt, si, je l'imagine très bien... Cela n'a plus d'importance, désormais. Si j'étais revenu, c'était surtout pour me faire du bien. Il n'y avait plus d'idée de gloire dans ma démarche. Juste l'envie de me faire du bien. De me faire plaisir. Mes parents ne m'ont jamais poussé à devenir sportif de haut niveau. Je ne sais pas si moi-même j'en avais le projet. Cela me paraissait tellement inaccessible... Finalement, ce sont mes capacités qui ont décidé pour moi.

« Votre fils est un excellent footballeur. Vous devriez lui faire passer les tests des centres de formation. » (un de mes anciens entraîneurs)

« Antoine est un très bon élève. Il ne devrait rencontrer aucune difficulté au lycée. » (Madame Marchant, mon professeur de français de troisième)

Le football. Les études. La possibilité de faire les deux. Le plaisir de jouer. Le plaisir de lire. L'impossibilité de concilier parfaitement ces deux univers. Faire un choix. Pendant qu'il en est encore temps. Le centre de formation n'attend pas. Le corps n'attend pas. La tête peut attendre.

« S'il échoue, il pourra reprendre un cursus normal chez nous : ne vous en faites pas ! » (le proviseur de mon lycée de rattachement, à Marseille)

« Si tu n'es pas heureux au centre, tu pourras revenir à la maison, mon chéri : il n'y a aucune obligation... » (Maman)

Je n'ai pas eu à choisir. J'ai été bon. Très bon. Je venais d'avoir dix-huit ans. Le président de mon club formateur m'a convoqué dans son bureau.

« Alors, Antoine, est-ce que tu voudrais passer pro chez nous ? »

*

37

Je suis libre. Libre de faire ce que je veux. Comme je le veux. Mon improbable retour a, je le sais, écorné mon image. Certains associent désormais mon nom à l'indécision. Au retournement de situation. « Faire une Moreno » est devenue une expression courante dans le monde du sport. Cela m'amuse plus qu'autre chose. Je sais que ça ne durera pas. Déjà, parce que beaucoup de vrais supporters vont garder une bonne image de moi. Et ensuite parce que nous vivons dans une société de l'immédiateté. Je vais être considéré comme un personnage public pendant encore combien de temps : deux semaines ? Un mois ? Un an ? Tout cela finira par s'effacer. D'autres événements auront lieu, en France, à l'étranger, dans le sport, la politique, la culture... Mon deuxième départ en retraite n'est qu'un épiphénomène. Ce qui compte réellement pour moi, c'est le sentiment nouveau d'une liberté retrouvée. Tant que mon déclin sportif n'était pas une évidence, je vivais avec des regrets. Je ne peux plus les connaître désormais. Je suis revenu. J'ai essayé. J'ai fait de mon mieux. Mais mon corps ne peut plus. Ne veut plus. C'est comme ça : je vieillis.

*

Je continue à voir Clara, mais nous ne vivons plus ensemble. J'ai préféré être honnête avec elle : je n'avais pas envie de la faire souffrir inutilement, en lui donnant de faux espoirs. Je me sens bien avec elle. Mais je ne suis pas amoureux d'elle. Étrange sentiment que l'amour. Clara est une belle femme. Elle me plaît en bien des points. Je suis capable de reconnaître les qualités qui sont les siennes. Mais, malgré cela ou peut-être à cause de cela, je ne suis pas amoureux d'elle. Je l'admire néanmoins beaucoup. Elle a, comme autrefois, compris ce que je ressentais, sans que nous ayons à débattre pendant des heures. C'est elle-même qui a proposé de retourner vivre dans son appartement. Elle a présenté ce changement de situation de manière très naturelle. Comme si elle voulait me montrer qu'elle n'était pas affectée par ce changement. Or, je la sais affectée : je commence à la connaître. N'est-ce pas, de sa part, une magnifique preuve d'amour ?

*

J'ai décidé de ne plus aller courir. Du moins pour l'instant. Je crois qu'il vaut mieux que je tienne le sport à l'écart de ma nouvelle vie. Tout ce que j'ai vécu est encore trop frais. Trop sensible. Je n'ai pas envie d'être inactif pour autant. C'est la raison pour laquelle j'ai choisi d'aller me promener. Je me rappelais ce livre de Rousseau : *Les Rêveries du promeneur solitaire*. Je n'avais pas trop aimé le lire, mais le titre et certains passages m'avaient plu. Je crois que la marche permet un équilibre sain entre le corps et l'esprit. Comme j'avais envie de concilier les deux, j'ai pris le cahier électronique de Marie avec moi. On pourrait penser que, en faisant cela, c'est comme si j'allais me promener avec elle... C'est possible... J'ai surtout envie de noter ce que je vois. Ce que je ressens. Je me sentirai toujours plus utile en faisant cela, qu'en allant jouer au golf dans un club privé...

*

Je marche dans les rues de Marseille. Je vois des gens différents. Certains sont pressés. D'autres prennent leur temps : il ne leur reste parfois rien d'autre. Des supporters m'accostent. Je signe des autographes. Ils demandent de mes nouvelles. Parlent du club. Le contact est plutôt bon enfant. La plupart du temps. Le football est un sport très passionnel, surtout ici. Cela fait partie de la donne : je la connais bien. J'ai trouvé étrange au départ de passer mes journées à me promener. Je n'étais pas le seul.

« Avec tout votre argent, vous pourriez faire autre chose ! »

« Vous ne faites pas ça tous les jours quand même ? »

« Moi, si j'étais vous, je ferais le tour du monde ! »

Tous ces gens ont à leur manière raison. Comment pourraient-ils avoir tort ? Après tout, j'ai face à moi une somme illimitée de possibles : je suis jeune, riche, sans plus aucune contrainte professionnelle. Je peux enfin faire ce que je veux. Quand je veux. Comme je le veux. Ils ont tout à fait raison. À ceci près qu'ils oublient une chose : je suis seul. Désespérément seul...

*

M'inscrire sur des sites de rencontre ? Je déteste le simple fait d'évoquer l'idée. Non pas que je trouve cela condamnable. Notre monde a évolué, et ce type de rencontre en vaut beaucoup d'autres. Il y a bien des agriculteurs qui se servent de la télévision pour rencontrer l'amour ! Mais je n'aime tout simplement pas le principe. Même si j'ai eu quelques conquêtes pendant ma vie de footballeur, je crois être resté un éternel romantique. Je ne peux m'empêcher de croire au grand amour. Cela paraîtra risible aux yeux de quelques-uns. Peu importe. Une relation amoureuse n'est pas seulement le fruit d'une attirance physique. Je ne vais pas tomber amoureux d'un laideron, mais je ne vais pas non plus tomber amoureux d'un corps. Tomber sous le charme, ça oui, peut-être... Mais le charme ne dure qu'un temps : il finit tôt ou tard par s'estomper. Je suis bien placé pour le savoir. J'ai bien conscience que l'amour changerait beaucoup de choses dans ma vie. L'amour de Clara était beau, mais il était incomplet : il lui manquait tout simplement le mien. Je suis actuellement confronté à un vrai problème : comment rencontrer une femme qui m'aimera pour ce que je suis ? Mes anciens coéquipiers ne se posaient pas toutes ces questions. Ils avaient un mode de fonctionnement nettement plus simple. Acheter une maison. Épouser une fille rencontrée au lycée. Lui faire deux enfants. Et la tromper allègrement lors de nos déplacements. Je caricature. Mais ce modèle existe. Jamais je n'aurais pu le suivre. Je ne suis pas naïf. Certaines filles sont sorties avec moi parce que j'étais footballeur. Elles me trouvaient sans doute mignon, et n'ont pas dû trop se forcer pour venir vers moi. Mais je sais bien que les choses auraient été différentes si je n'avais pas été Antoine Moreno. La gloire. L'argent. La célébrité. Faites votre choix, mesdames ! Je ne crois pas avoir eu affaire à des femmes malhonnêtes : je pense simplement qu'elles-mêmes ne se rendaient pas toujours compte des raisons de leur attraction. Disons que je m'en suis rendu compte pour elles...

*

Un superbe restaurant. Une vue magnifique sur la mer. Le soleil n'est pas totalement couché. Il fait bon. Nous sommes bien. Fatou me regarde amoureusement. Mon regard ne doit pas être bien différent du sien. Je tends ma main vers elle. Nous nous sommes compris, car elle tend sa main presque au même moment que moi. Nous nous regardons. Je crois que nous nous aimons. Je suis heureux. La saison vient de s'achever. Nous avons enfin remporté le titre. Champions de France ! Nous allons partir dès demain en vacances. En amoureux. J'ai réservé une suite dans un hôtel très haut standing. Direction Les Seychelles. Avant de passer un peu de temps dans ma région d'origine. Tout s'annonce parfait. Je ne peux me lasser de contempler ma compagne. Je la trouve parfaite. J'aime son regard. Son sourire. Son corps... Le dîner se passe très bien. Nous parlons à bâtons rompus. Nous partons le lendemain en voyage ! De merveilleux souvenirs. Malheureusement sans suite. Fatou et moi n'avions pas grand chose à nous dire. C'est tout.

*

M'engager dans des actions humanitaires ? Je l'ai fait. Pendant ma carrière. Discrètement. Sans ameuter les journalistes. Je ne faisais pas cela pour soigner mon image. J'ai toujours joui d'une bonne réputation dans la presse. Du moins, avant mon récent revirement. Les journalistes ne parlent plus de moi désormais. Comme je l'imaginais, je suis peu à peu redevenu un anonyme. Il y aura peut-être un article sur moi dans quelques années. *L'Équipe Magazine* aime faire le point sur la vie des anciens sportifs. Rubrique : « Que sont-ils devenus ? ». Que vais-je devenir ? C'est toute la question...

*

Les actions humanitaires... J'ai donné beaucoup d'argent pour les aider. J'étais obsédé par la pauvreté dans le monde. Avec les années, j'ai pris conscience que je vivais dans une autre galaxie. Un univers sans commune mesure avec celui de la majeure partie de l'humanité. Qui était mon égal ? D'autres sportifs. Des acteurs. Des grands patrons. Inutile d'égrener la liste complète. Vous avez compris. Tous n'ont pas conscience que nous sommes des privilégiés. Ils estiment que nous ne volons pas ce que l'on nous donne. C'est vrai. Mais mérite-t-on pour autant de gagner des sommes aussi considérables ? Quand je pense que certains de mes coéquipiers changeaient de club juste pour gagner un million d'euros supplémentaire par saison ! Un million ! Alors qu'ils en gagnaient déjà plusieurs ! Alors qu'une seule année de salaire leur garantissait une sécurité financière jusqu'à la fin de leur existence ! Il y a quelque chose de pourri dans notre monde...

*

Pourquoi donc m'est-il impossible de conclure mon propos sur les actions humanitaires ? Cela n'est sans doute pas anodin. À la fin de ma carrière, mes proches m'ont proposé de m'impliquer dans l'humanitaire. Mais je ne l'ai pas fait. On m'en a empêché. Pour les responsables de l'association avec laquelle je travaillais, un footballeur retraité n'était pas le meilleur des alliés. Ils préféraient avoir avec eux quelqu'un encore dans l'action. Quelqu'un que l'on admire. Susceptible de récolter de nombreux fonds. Pas juste un bon footballeur ayant étalé au grand jour ses états d'âme. Je peux comprendre leur position. Mais je la regrette. J'aurais aimé les aider de l'intérieur. Pas seulement en leur donnant de l'argent. Mais en participant également à tout un tas de missions spécifiques.

« Les médias sont à l'affût de la moindre info, Antoine. Ils médiatiseraient ta présence à nos côtés. Nous ne le souhaitons pas » (le président de l'association)

« Mais pourquoi ? » (moi)

Le président était hésitant. Je l'ai bien perçu.

« Comment dire... »

« Sois sincère avec moi : nous nous connaissons depuis longtemps... »

« Nous sommes en passe d'avoir avec nous une très belle recrue. Nous finalisons les modalités de sa participation avec son agent. Il ne faudrait pas que tu viennes tout gâcher... »

Inutile d'en rapporter davantage. Vous avez compris. Faire de l'ombre. Je leur aurais fait de l'ombre. N'est-ce pas ironique ? Moi qui suis toujours resté discret. Moi qui voulais lutter contre la pauvreté. Loin des flashs. Loin des articles. Loin de la gloire.

*

Les boîtes. Les folles nuits de fête. Le champagne. Les cocktails. Les filles... Que tout ceci semble loin, désormais... Non pas que le monde de la nuit était la partie préférée de ma vie. Mais je l'appréciais quand même. Il y avait quelque chose de plaisant dans cette superficialité. Danser. Se dépenser. Sans réfléchir. Juste la fête. Les filles. Les filles...

*

Je suis rentré quelques jours dans ma région d'origine. Haute-Savoie. Megève. La plus belle station des Alpes françaises. Le Saint-Tropez des neiges. Mon village bien-aimé. C'est un endroit dans lequel je parviens toujours à me ressourcer. Même lorsque je reviens déprimé ou fatigué. Megève. Un village d'une beauté intense. Rare. Une nature exceptionnelle. Sauvage ? Non. Mais préservée. Encore authentique. Je n'ai plus mon père depuis quelques années. Mais ma mère vit encore là. Elle songe parfois à partir. Trop de souvenirs. Envie de voir autre chose. Et en même temps, elle ne connaît que ça. Je crois qu'elle a parfois besoin de s'imaginer ailleurs, pour pouvoir mieux vivre ici. Megève. Le village de mon enfance. Que j'ai dû quitter. Plus tôt que prévu. De manière précipitée. Megève. Le village de mes premiers pas. De mes premières amours. Marie. Marie. Pourquoi me hantes-tu, Marie ?

*

Je suis allé me promener en montagne. Drôle de transition avec la ville ! Je ne sais pas si je vais rester vivre dans la région de Marseille. J'aime beaucoup cette ville. Ses habitants. Excessifs, bien sûr. Tous les clichés ont bien une part de vérité. Une origine quelconque. Excessifs mais attachants. J'ai vécu là-bas à la fin de ma carrière. Je m'y plaisais. Je me voyais bien y rester. Le soleil. La mer. Le calme de mon petit village provençal. L'animation de la grande ville proche. Mais peut-être dois-je changer d'horizon ? Peut-être ai-je besoin de changer de lieu, pour bien marquer mon changement de vie ? Je ne sais pas. Tout est flou dans mon esprit. Il n'y a pas de modèle à suivre. Rien qui ne soit parfaitement juste. Parfaitement linéaire. Que faire ?

*

La montagne m'a fait du bien. Elle m'a ressourcé. Régénéré. Je me rends compte que l'exercice physique est une nécessité absolue pour moi. Mon esprit ne se sent bien que lorsque mon corps a pu s'exercer. C'est comme s'il me fallait toujours veiller à maintenir un subtil équilibre entre corps et esprit. Comme si

l'esprit ne pouvait seul dominer. Je me suis conditionné tout seul.
Ou plutôt, c'est la vie qui m'a conditionné. Ma vie. Celle d'un
sportif de haut niveau. Habitué à faire d'abord agir son corps,
avant de se servir de sa tête. J'étais certes un bon tacticien du foot.
Beaucoup m'ont dit que le métier d'entraîneur me conviendrait
bien. Mais ce n'était pas la même chose. Quand je jouais, je me
servais de ma tête. Mais elle-même se mettait au service de mon
corps. Elle orientait mes actions sur le terrain. Ma vision du jeu.
Je n'ai jamais mis ma tête en première ligne. Je l'aurais sans doute
fait si j'avais poursuivi mes études. J'en avais les capacités. Mais
mes capacités sportives en ont décidé autrement...

*

J'ai eu des nouvelles de Clara. Nous nous sommes envoyés des
sms. Je l'aime bien, Clara. Définitivement. C'est quelqu'un de très
attentionné. Elle voulait savoir comment j'allais. C'est vrai que je
ne lui ai pas donné de nouvelles depuis un certain temps. J'ai été
touché par sa sollicitude. Je l'ai invitée à me rejoindre. En tout

bien tout honneur. Je n'espère rien de son arrivée. Je veux simplement lui proposer de faire une pause. Tranquillement. À la montagne. Elle a hésité. Ou plutôt, elle a fait mine d'hésiter. Elle m'a dit qu'elle devrait pouvoir venir pour le week-end. Je ne sais pas pourquoi, mais j'en ai éprouvé un certain plaisir. Une certaine excitation. Pas sexuelle. Mais enfantine. Semblable à celle d'un enfant à qui on dirait que Noël arrive bientôt. Je n'aime pas Clara. Je le sais bien. Mais, au fond de moi, j'ai envie d'apprendre à l'aimer.

*

Nous avons passé un très bon week-end. Nous avons fait une longue promenade en montagne, le samedi. Nous étions seuls. Nous avons bien croisé un ou deux promeneurs. Mais il n'y a pas légion en septembre. Cela me désole un peu. J'ai connu mon village plus vivant. Je regrette de le voir s'animer seulement en pleine saison. Été ou hiver. C'est la raison pour laquelle je ne pourrais pas revenir vivre ici à l'année. J'aime à retrouver ces lieux que j'aime. Mais je ne peux jamais y rester trop longtemps. Le week-end a filé à toute vitesse. Lorsque j'ai raccompagné Clara à la gare, dimanche, j'ai été pris d'un fort sentiment de nostalgie. Je me suis remémoré le moment où j'étais venu la chercher, vendredi. J'étais alors plein d'espoir. Je savais que bien des moments agréables nous attendaient. C'est vrai que tout était bien. La cueillette des champignons. Le dîner dans ce joli petit restaurant savoyard. La nuit... Oui, je n'ai pas pu m'empêcher... Que voulez-vous, je suis un homme...

*

Clara et moi nous appelons chaque jour. On ne peut pas dire que nous soyons à nouveau ensemble. Ce n'est pas pour un week-end... Mais nous avons plaisir à nous parler. Je comprends la stratégie de Clara. Elle a vu que j'avais besoin de temps. Elle a décidé d'y aller en douceur. Peut-être mes sentiments pour elle finiront-ils par se déclarer ? Je trouve cela triste. Pour elle comme pour l'amour. L'affection doit-elle forcément se construire avec le temps ? Pourquoi opposer la passion et l'amour ? Je ne crois pas au coup de foudre. Je ne l'ai jamais vraiment connu. J'ai été spontanément attiré par de jolies filles. Mais je n'ai pas rencontré celle avec laquelle j'avais envie de vivre. Cela aurait pu être le cas. Avec Clara, nous avons vécu de belles choses. Nous nous sommes séparés. Remis ensemble. Je me sens bien avec elle. Je sais que vous m'entendez toujours le dire. Pourquoi, alors, ne pas vivre avec elle ? Nous marier ? Avoir des enfants ensemble ? Je crois que je suis victime de ma nouvelle vie. Je deviens peu à peu quelqu'un d'autre. Nietzsche disait : « Deviens ce que tu es, c'est-à-dire ce que tu n'es pas encore ». Inutile de vous dire que je ne suis pas philosophe. Je n'en ai ni l'intention, ni les capacités. Mais dans mon cas, le problème serait plutôt l'inverse : j'ai le sentiment de redevenir ce que j'étais. Comme si ma carrière n'avait été qu'une parenthèse dans ma vie. Comme si la chenille, une fois papillon, souhaitait redevenir une chenille. Étais-je fait pour devenir papillon ? Pour être exposé en pleine lumière ? Pour avoir une vie faite d'instantanés ? Mes amis d'enfance sont mariés. Ils ont des enfants. Une vie rangée. Simple, peut-être. Mais la

simplicité ne s'oppose pas spécialement au bonheur. Au contraire.
Je crois avoir saisi la nature de mon problème. J'ai raté le coche.
J'aurais dû rester avec Marie. L'épouser. Avoir des enfants avec
elle. Je n'étais pas fait pour épouser Clara. Voilà ce que j'ai en tête.
Je vais bientôt avoir trente-quatre. J'ai trois maisons. Deux hôtels.
Une belle voiture. Beaucoup d'argent sur mon compte en banque.
Ma vie est déjà faite. J'ai pris de l'avance. Nombreux sont mes
compatriotes à ne pas être arrivés à mon niveau d'aisance.
Certains ne l'atteindront même jamais. J'ai pris de l'avance.
Beaucoup d'avance. Trop d'avance. La preuve ? Je suis déjà
retraité ! Le temps a filé entre mes doigts. Je ne retrouverai jamais
mes années de jeunesse. J'ai encore toute la vie devant moi. Mais
la partie la plus importante de ma vie est déjà passée. Je n'étais
pas fait pour vivre tout cela...

*

Marie. Il faut que je la retrouve. C'est elle qui détient la clé. Seule
elle peut m'aider. Me guérir. Réparer ces blessures. Marie. Nous

avons encore le temps. Ce qui a été perdu l'est définitivement. Mais il reste encore bien des choses à construire. Marie.

Où vis-tu ? Que deviens-tu ? Je ne te trouve nulle part. Tu n'es présente que dans ces lettres que j'ai conservées. Ces lettres dont une de mes ex s'est un jour moquée. Marie. Je sais. Je sais comment faire. Mais le puis-je ?

*

Je n'en ai pas dormi de la nuit. Je sais. Désormais, je sais. Comment reprendre contact avec Marie. J'en ai le pouvoir. Mais en ai-je le droit ? Dois-je m'immiscer dans sa vie ? Après tout, c'est moi et moi seul qui l'ai exclue de la mienne. C'est moi et moi seul qui ai fait couler ses larmes. Marie. Tu ne m'as jamais fait de reproches. Tu as fini par respecter ma décision. Par amour. Tu souffrais, je le sais bien. Mais tu ne le montrais pas. Tu ne voulais pas que je culpabilise. Qu'ai-je fait, Marie ? Que vais-je faire ? Je t'ai perdue. Par ma faute. J'ai été notre bourreau. Mais je veux te retrouver. C'est devenu ma raison d'être. Je donnerai tout ce que j'ai pour que cela soit possible. Retrouver le passé. Le modifier. Ne pas partir. Ne pas te quitter. Marie. Une telle tentative est impossible. Oui, j'ai beaucoup d'argent. Bien plus qu'il ne m'en faut. Mais je suis impuissant face au temps qui passe. Ce temps qui nous observe tous, nous meut, et nous rapproche toujours un peu plus de la mort. Marie. Je vais le faire. Quitte à tout perdre. Quitte à sombrer dans le désespoir. Je vais te retrouver Marie.

*

« Voici le dossier. Il y a là tout ce que vous souhaitiez savoir... »

*

J'ai jeté le dossier à la poubelle. Je me fiche pas mal du gaspillage de temps et d'argent que cela représente. Je ne pouvais pas. C'était physique. Je tremblais. Moi, trembler ! Moi qui n'ai jamais connu cela ! Qui ai toujours su rester fort quand il le fallait ! Je tremble ! Je tremble parce que je peux désormais trembler. Je n'ai plus à être fort. Je n'ai plus la responsabilité d'une équipe. D'un club. D'un pays. Je suis seul. Seul avec mon argent. Seul avec mes regrets. J'ai le droit de trembler. Qui me le reprochera ? Tu m'as fait trembler, Marie. Un simple dossier portant ton nom m'a fait trembler. Je n'étais plus moi-même. J'ai cru que j'allais mourir. Ce ne sont pas que des mots. Mon cœur n'avait jamais battu aussi fort. Même lorsque je repoussais mes limites. Je me suis senti mal. Il fallait que je détruise ce dossier. Je l'ai retiré de la poubelle. J'ai marché d'un pas énergique. Je l'ai mis dans la cheminée. Pour ne pas être tenté. Pour ne pas avoir envie de le sortir de la poubelle. Et de le lire. Tout est parti en fumée. J'ai eu besoin d'appeler tout de suite Clara. Je ne pouvais pas rester seul. Cela m'était physiquement impossible. J'avais besoin de parler. Chasser de mon esprit tout ce qui me faisait souffrir. Clara n'est pas venue. J'ai fini par retrouver mon calme. Pourquoi ai-je désormais cette propension à me torturer ainsi ?

*

C'était une belle matinée d'hiver. J'avais rendez-vous avec Marie. J'allais la voir pour la première fois en dehors du collège. Je savais tout ce que cela impliquait. Je n'avais pas été très sûr de moi lorsque j'étais allé la voir avant le début des vacances de février. J'avais passé des jours entiers à me représenter ce moment. Sans doute pour le dédramatiser. Lui conférer un caractère normal. Anodin. Mais ce n'est jamais anodin de parler à une femme que l'on aime, et qui ne le sait pas encore. Je sais maintenant que Marie le savait. Je comprends *a posteriori* ses regards. Je ne les comprenais pas, alors. Trop jeune. Trop inexpérimenté. Jolie brune aux cheveux courts. En train de ranger ses affaires. Attendue à l'extérieur de la salle de classe par ses amies. Jamais je n'avais rangé mon sac aussi vite. Je ne voulais pas la rater. Peur de manquer un moment essentiel. Je m'approche. Je fais abstraction du monde extérieur. Je sais que mes amis peuvent se moquer. Non pas qu'ils soient particulièrement à l'aise avec les filles. Mais justement : mieux vaut ricaner pour masquer son propre trouble. Marie. Elle doit être plus importante que les commentaires des uns et des autres. Je m'approche. Elle finit de ranger ses affaires. Consciencieusement. Je me dis désormais qu'elle devait faire exprès d'être lente. Pour me laisser le temps de l'aborder. Pour me permettre d'être seul avec elle. Elle savait. Je suis sûr qu'elle savait. Je m'approche.

« Marie »

Elle me regarde.

Et me voilà désormais à l'attendre, près de la patinoire centrale de Megève. Je suis un peu anxieux. Mais sa douceur m'a déjà rassuré. Je ne sais pas ce que nous allons être l'un pour l'autre. À ce moment-là, nous sommes encore deux inconnus. Deux camarades de classe qui se connaissent et s'apprécient. C'est-à-dire deux personnes qui ne savent rien l'une de l'autre. Marie approche. Elle est ravissante. J'aime le joli bonnet blanc qu'elle porte. J'ai prévu quelques phrases d'accroche. Pour que nous soyons à l'aise. Je n'en dis finalement aucune.

*

Le soleil. La mer. Les cigales. Que l'existence peut être surréaliste ! Quelle commune mesure peut-il y avoir entre cette matinée d'automne, sur ma luxueuse terrasse provençale, et cette froide après-midi d'hiver où Marie et moi nous sommes embrassés pour la première fois ? Le seul point commun ? Moi ! Non pas moi à l'identique. Je ne suis plus le même Antoine Moreno. J'avais quatorze ans, alors. J'étais un ado. Un collégien. Confiant en la vie. Ne sachant pas ce qui l'attendait. Mais persuadé que ce ne pourrait être que bien. Les après-midi d'hiver. Passées à parler de ses projets. À imaginer un avenir. Forcément radieux.

« Moi, plus tard, je serai pilote d'avion de chasse ! »

« J'ai envie d'être journaliste »

« Je vais essayer de partir en sport-étude ski »

Des rêves. Nous nous nourrissons de rêves. Nous en avons

besoin. Pour grandir. Pour avancer dans la vie. Je n'aime pas ces adultes qui cassent les rêves des plus jeunes. Bien sûr que ces adolescents n'ont été ni pilote, ni journaliste, ni skieur de haut niveau. Ils ont fait tout autre chose. Mais, à leur façon, pendant quelques mois ou quelques années de leur vie, ils ont été ce qu'ils rêvaient d'être. Ils ont grandi avec ces rêves à leurs côtés. C'est peut-être pour cela qu'ils ont accepté, ensuite, de vivre avec la réalité. Leur réalité. Pas forcément décevante. Mais pas aussi flamboyante que celle qu'ils imaginaient. Tous mes anciens camarades de classe me connaissent. Personne n'a pu m'oublier.

« Antoine Moreno, le joueur de foot »

« Tu vois Moreno, le numéro 9 : Papa a été en classe avec lui »

« Moreno, on était copains au collège »

J'ai réalisé le rêve de beaucoup. J'ai fait coïncider un désir et une réalité. Ma réalité. Beaucoup doivent me penser heureux. Je suis sûr que certains doivent m'envier par moments. Je peux les comprendre : j'aurais peut-être éprouvé un sentiment similaire à leur place. Ce qui est ironique, c'est que la réalisation d'un vieux rêve de gosse m'ait à ce point éloigné de ce que j'étais alors. Un garçon simple. Passionné par l'écriture et la lecture. S'imaginant volontiers professeur. Un garçon amoureux. Amoureux fou de sa petite amie. Et n'ayant, des années plus tard, plus aucune nouvelle de celle-ci. Surréaliste. Oui, l'existence l'est assurément.

*

Écrire. Je comprends. Ou plutôt, j'ai envie de comprendre les choses de cette façon. Un cahier électronique. Un cadeau qu'aucun de mes collègues n'était susceptible de me faire. Un rappel du passé. En me l'offrant, Marie a voulu me rappeler ce que j'étais autrefois. Me donner la possibilité de commencer quelque chose d'autre. Retourner vers le passé pour construire un nouvel avenir. Serait-ce de sa part une volonté de se rappeler à mon bon souvenir ? Attendrait-elle de moi une quelconque démarche ? Et si... si c'était vrai ? Et si Marie m'aimait encore ?

Nous nous sommes quittés il y a déjà fort longtemps. Elle a dû rencontrer d'autres hommes depuis. Je ne suis pas naïf. Elle était belle. Si belle... Peut-être a-t-elle voulu m'oublier dans les bras d'un autre ? Je ne supporte pas cette idée. Mais je ne peux pas non plus l'exclure de mon esprit. Après tout, cela aurait été légitime. M'aimer encore ? Malgré le temps ? Malgré l'espace ? Malgré nos modes de vie différents ? Nous sommes à nouveau deux inconnus l'un pour l'autre. Mais l'amour peut-il tout de même demeurer vivace ? Je croyais que mes sentiments pour elle s'étaient étiolés avec le temps. Mais je me suis aperçu que non. Mon esprit était trop occupé. Ou plutôt totalement anesthésié, comme j'aime à le dire. S'est-il produit la même chose pour Marie ? Sa vie lui a-t-elle permis de me garder une place au fond de son cœur ? Ou, au contraire, lui a-t-elle permis d'effacer définitivement mon souvenir ? Je voudrais savoir et ne pas savoir. J'ai engagé un détective privé, puis ai brûlé son dossier. Où est la vraie voie ? Où est le remède ?

*

« Je ne comprends pas votre démarche » (un autre détective privé)

« Vous n'avez pas à la comprendre. Je vais vous payer. Suffisamment pour que vous n'ayez aucune question à poser. » (moi)

« Mais vous me demandez de n'accomplir que la moitié de mon travail... C'est absurde ! »

« Peut-être... Mais que vous importe ? Je paie. Vous exécutez. Point barre. »

*

J'ai recommencé à lire. J'ai été pris d'une véritable boulimie de lecture. Alors que je venais de me procurer un livre, je songeais déjà à en acheter un autre. Cette incapacité à se contenter de ce que l'on a est très humaine. Toujours le besoin de se représenter le bonheur de posséder ce que l'on n'a pas encore. Je crois que, chez moi, ce besoin a été renforcé par ce que j'ai vécu. Toujours se fixer un nouvel objectif. Ne pas se contenter d'une victoire. Mais les accumuler. Remporter le prochain match. Gagner un titre. Le fêter. Puis se focaliser rapidement sur la saison prochaine. Gagner. Gagner. Amasser. Amasser. Cela peut être sans fin. J'ai toujours été fasciné par les grands conquérants. À quoi leur servait d'accroître leur pouvoir, leur influence ? Ne pouvaient-ils pas se contenter de ce qu'ils possédaient déjà ? Pourquoi Napoléon a-t-il voulu repousser à ce point les frontières naturelles de la France ? Il y a là comme une énigme. Je crois que, à mon modeste niveau, j'ai su en percer le mystère. Le gain appelle le gain. C'est une question de mouvement. Le bonheur n'est jamais atteint. Il est toujours ce qui doit être recherché, ce pourquoi des efforts doivent être fournis. Pour eux, il s'agissait de territoires. Pour moi, de matchs. Désormais, je repousse les limites de mon moi par la lecture.

*

J'ai lu des textes très divers. Science-fiction. Policiers. Théâtre. Littérature classique. Cela m'a bien occupé. Je lisais moins ces dernières années. Il faut dire que mon travail n'était pas trop adapté à cela. Les entraînements. Les matchs. Les voyages en avion. Les conférences de presse. Les opérations marketing. Le soir venu, quand je n'étais pas sollicité, j'avais surtout besoin de repos. Besoin de ne plus être perpétuellement en mouvement. Or, je suis persuadé que la littérature est une forme de mouvement. Elle me meut et m'émeut. Le jeu de mots est un peu facile, je le reconnais. Mais je ne vais pas l'éviter pour autant : il est vrai me concernant. Reprendre contact avec la lecture est pour moi comme une renaissance. Je retrouve mon passé, tout en bâtissant mon avenir. Je ne sais pas si mes lectures me seront utiles. À vrai dire, cela importe peu. Ce n'est pas demain que je deviendrai écrivain ou critique littéraire. Ni même professeur. Quand je vois la situation dans l'Éducation Nationale, je me dis que cette vie de sportif a été une chance. Je n'aurais pas aimé enseigner dans les conditions actuelles. À quoi me serviront alors toutes ces lectures ? À rien. Juste à me faire plaisir. Et c'est bien là l'essentiel.

*

Je regarde beaucoup moins la télévision qu'auparavant. J'ai vu l'envers du décor. Je sais ce qui se trouve derrière l'écran. Je crois que cela m'a en un sens vacciné. Je ne supporte plus les faux-semblants. Et je supporte encore moins la violence qui se répand chaque jour dans les émissions et sur la toile. J'ai supprimé mon compte Twitter. J'avais encore beaucoup de fans. Mais que pouvais-je leur raconter ? Leur parler de mon quotidien ? Décrire dans le détail le menu de mon petit-déjeuner ? Poster des photos de moi sur Facebook ou Instagram ? Tout ceci est trop superficiel. Que cela peut-il apporter ? Avec les réseaux sociaux, on peut donner une image très contrôlée de sa personne. Donner l'impression que l'on a une vie géniale. Que l'on est parfaitement heureux. Beaucoup de mes collègues le faisaient. Je sais en réalité que tout n'était pas si simple. Je n'ai plus envie de participer à cette supercherie. J'ai passé l'âge. Je n'ai plus besoin de communiquer : je n'ai plus de sponsors. J'ai envie de revenir à une vie à la fois plus simple et plus essentielle. Je crois que j'en ai besoin.

*

Le club m'a fait parvenir une boîte. Une grande boîte. Il y avait de nombreuses lettres à l'intérieur. Des courriers de supporters et de supportrices. Des témoignages d'affection pour la plupart. Cela m'a touché. J'ai pris conscience que j'avais pu donner un peu de bonheur aux gens, en pratiquant mon sport. Ce n'est pas moi qui ai pu améliorer leur quotidien, bien sûr, mais j'ai pu pendant un temps le leur faire oublier. Ce n'est pas rien. Le club m'a dit qu'il détruirait les lettres qui me seraient à nouveau envoyées. L'administration ne peut pas gérer tous les courriers des anciens joueurs. Cette remarque a fait naître chez moi un sentiment étrange. C'était un peu comme si l'on faisait mourir le footballeur que j'avais été une seconde fois. J'appartiens au passé. Définitivement. C'est drôle de voir un monde avancer, et de ne plus totalement lui appartenir. Quoi que je fasse, je ne serai plus ce joueur brillant auquel on écrivait. Je suis en train de devenir autre chose. Mais quoi ?

*

J'ai lu toutes les lettres avec attention. Je n'avais pas toujours eu le temps pendant ma carrière. J'avais d'ailleurs fini par engager une secrétaire, qui se chargeait d'envoyer aux supporters ma photo dédicacée. Maigre salaire pour celles et ceux qui écrivaient plusieurs pages. J'avais toutefois tenu à conserver toutes les lettres. Mais j'en ai perdu un grand nombre lors de mon dernier déménagement. Dommage. Je les aurais lues avec plaisir, maintenant que j'ai le temps. Enfin. Je dis ça. Mais je ne suis pas sûr que cela m'aurait fait tant de bien. Parcourir ces lettres récentes a déjà suscité chez moi une certaine nostalgie. Ça y est. C'en était fini. Antoine Moreno, le jeune homme parti de chez lui pour devenir footballeur, est déjà retraité du sport.

*

Parmi toutes les lettres, l'une d'entre elles m'a particulièrement touché. Il s'agissait de la lettre d'une jeune femme. Pas la groupie de service, non. Mais une femme sincère. Me disant qu'elle m'avait connu au lycée. Dans le lycée de mon centre de formation. Marseille. Elle aussi habitait Marseille. Elle avait été élève dans ma classe de latin. Elle ne savait pas si je pouvais me souvenir d'elle. Malika. Son prénom est Malika. Peut-être. Je ne sais plus bien. Nous avions des cours aménagés. Le sport-étude porte bien son nom. Le sport prime sur la notion d'étude. Nous étions très rarement en contact avec d'autres jeunes de notre âge. Sauf pour des options. Je voulais me laisser le plus de chances possible de reconversion. J'avais fait du latin au collège. J'aimais bien, même si je trouvais cela dur. J'avais tenu à m'inscrire à cette option. Mes entraîneurs n'y étaient pas trop favorables. Mais l'entraîneur en chef avait fini par céder.

« Je sais que tu n'es pas exactement comme les autres, Moreno. Je l'ai bien compris »

Je prenais le bus tous les mercredi. Pour une petite heure de latin. Je n'avais pas besoin de plus. Il ne me fallait pas moins. Je crois que ce cours était un peu ma bouffée d'oxygène. L'ultime contact que je pouvais avoir avec mon ancienne vie. Pendant une heure, je redevenais Antoine Moreno le savoyard. Le bon élève. Celui dont les professeurs vantaient les mérites en conseil de classe. Au centre de formation, il n'était pas de bon ton de montrer un trop grand intérêt pour la culture. On passait vite pour l'intello de service. J'ai essayé de rester moi-même. Mais j'ai bien vu qu'en agissant ainsi, je m'excluais du groupe. J'ai abandonné les livres. En arrivant à l'internat, j'amenais avec moi Stendhal, Hugo et *L'Équipe*. En repartant, seul *L'Équipe* m'accompagnait encore...

*

J'ai écrit un mail à Malika. Elle m'avait dit que, si je le souhaitais, je pourrais la recontacter. Elle m'a invité chez elle. Elle est désormais professeur des écoles. Son mari est professeur d'EPS. Ils ont deux enfants. Je lui ai dit que sa lettre m'avait touché. Elle a été surprise que ce soit le cas.

« Je ne pensais pas que tu me répondrais »

J'ai fait la connaissance de son mari. Très gentil. Il semblait amusé d'avoir un ancien sportif de haut niveau face à lui. Nous avons parlé sport. Forcément. Ils m'ont dit qu'ils seraient heureux que l'on garde contact. Malika m'a raccompagné jusqu'au pied de son immeuble. Avant de partir, je lui ai posé une question.

« Malika, pourquoi m'avoir écrit ? »

Elle m'a regardé en souriant.

« Tu étais différent, Antoine... Une belle énigme... »

*

« Une belle énigme ». Drôle de formule. Je n'ai pas voulu en savoir davantage. Je pourrais toujours l'interroger là-dessus à l'occasion. Je suis allé dîner avec quelques amis dans un restaurant dont je connais bien le propriétaire. Soirée sympathique. Journée sympathique. Voir du monde me fait du bien. Je le sais. C'est humain. Mais tous les autres n'ont pas le même rythme que moi. Ils ont un travail. Une famille. Ils ne peuvent pas se libérer comme ils veulent. J'ai vu une fois sur internet que l'on pouvait louer des amis. Cela me semblait alors totalement saugrenu. Nous avions ri avec Fatou en lisant cet article. Mais je trouve le sujet nettement moins drôle, désormais. Je me sens concerné par ce problème. Après tout, comment occuper ma liberté de jeune homme riche ? Louer des amis ? Choisir d'avoir accès à ce qui est en réalité une nouvelle forme de prostitution ? Plus respectable peut-être. Mais pas moins condamnable. Il faut que je trouve une solution. Et cette solution ne doit pas seulement s'appeler Marie.

*

Trouver un travail. Après tout, n'est-ce pas dans le cadre professionnel que l'on rencontre le plus facilement un être cher ? Je n'ai jamais vraiment connu cela pendant ma carrière. Le monde du football est un monde très masculin. On est entouré de coéquipiers, d'entraîneurs, de médecins, de kinés... Les femmes sont rares, sinon dans le milieu du journalisme. Mais pour une femme journaliste, combien de footballeurs ? Et puis, comment construire une véritable relation avec une personne censée juger en permanence nos performances sur le terrain ? Vous admettrez que cela peut être un peu déstabilisant... Trouver un travail. Mais lequel ? Je n'ai pas envie de continuer dans le milieu du sport. Trop douloureux. Et surtout, totalement contre-productif. Ce n'est pas ainsi que je risque de rencontrer quelqu'un. Changer de voie. Là est la solution. Mais faire quoi ? Je ne sais rien faire d'autre que jouer au foot. Toute ma formation n'a été faite que pour m'apprendre à jouer chaque jour un peu mieux. Réfléchir. Réfléchir. Mais oui, la réflexion ! Employer l'intelligence que j'avais. Que j'ai sans doute encore. Mon cerveau n'a pas été la partie de mon corps la plus sollicitée ces dernières années. Mais je crois que je peux toujours reprendre des études. Lesquelles ?

« Tu aurais le niveau pour suivre un cursus en classe préparatoire, Antoine. Je sais que le football est important pour toi, mais ne voudrais-tu pas le laisser de côté quelque temps ? Tenter ta chance en hypokhâgne ? Voir si tu aimes ? » (mon professeur de philo de terminale)

Si j'avais pu. Si j'avais pu. Abandonner le foot quelques mois. Le temps de voir si les études ne me plairaient pas davantage. Impossible. Cela aurait consisté à tirer définitivement un trait sur tous les efforts accomplis. Sur tous les sacrifices consentis. Mes capacités physiques ont d'abord décidé pour moi. Puis ce fut, toi, Marie. Oui, toi. Je t'avais sacrifiée sur l'autel de la réussite sportive. Je ne pouvais justifier ce sacrifice qu'en devenant professionnel. Qu'en prouvant que j'avais eu raison de te quitter. J'ai hésité. J'ai appelé Marie. Plusieurs fois. Aucune réponse. Je devais faire un choix. J'ai signé le contrat.

*

Postuler en classe préparatoire ? Impossible à mon âge. Impossible, de toute façon, vu mon niveau actuel. Il faudrait que je m'améliore. Que je retrouve paradoxalement le niveau de mes dix-huit ans, qui était pourtant loin de constituer un sommet... Il y avait beaucoup de matières qui me plaisaient au lycée. J'ai décidé de m'inscrire à l'université d'Aix-Marseille. Pour y suivre une double formation. Littérature française d'un côté. Langue chinoise de l'autre. Je n'ai pas trop réfléchi. Il fallait bien que je fasse quelque chose.

*

Aller sur les bancs de l'université. Se retrouver dans un grand amphithéâtre. Avec des centaines de jeunes. Bien plus jeunes que moi, à vrai dire. Je me suis senti en décalage. Par rapport à leurs aspirations. Par rapport à leur état d'esprit. Je vois bien que je suis regardé différemment. Je suis l'homme qui reprend ses études. Celui qui occupe son temps comme il le peut. Un retraité, en somme. Je pense que je suis classé dans cette catégorie, même si personne ne me l'a dit explicitement. Nous sommes tellement nombreux, que les étudiants ne se focalisent de toute façon bien souvent que sur leur seule personne. Quelques étudiants amateurs de foot m'ont repéré. Ils ont demandé à faire un *selfie* avec moi. Pourquoi pas. Ils ont dû avoir quelques *retweets* et *likes* sur Twitter et Facebook. Tant mieux pour eux. Je n'arrive pas à me concentrer. Je ne vois pas l'intérêt de ma démarche. Qu'est-ce que je veux me prouver ? Que, dans une autre vie, moi aussi j'aurais pu faire des études ? Oui, sans doute, et alors ? Je n'ai pas à avoir de regrets. J'ai fait ce que j'avais à faire. Bien. Assez bien. J'aurais pu faire mieux, mais on peut toujours faire mieux. Je suivais un cours de stylistique française :

« Le point-virgule dans l'œuvre de Proust »

Sujet passionnant, n'est-ce pas ? Totalement en lien avec la réalité. Je me suis peu à peu détaché de ce que disait le professeur. Je voyais autour de moi des jeunes écrire à toute vitesse ce que le professeur énonçait en des termes abstraits. D'autres étudiants discutaient, écrivaient des sms ou allaient sur internet. J'ai eu le sentiment d'être un étranger en terre inconnue. Je n'ai pas pu le supporter. C'était presque physique. Je suis sorti de la salle avant la fin du cours. Je suis allé prendre un jus de fruit à la cafétéria. Puis je suis rentré chez moi.

*

N'y a-t-il donc aucune échappatoire ? Suis-je condamné à attendre que les jours passent jusqu'à ma mort ? Vous devez trouver que je deviens bien sombre. Vous avez raison. Mais cela ne durera pas. Je vais juste être confronté à ce que bien des écrivains considéraient comme le plus grand des maux : l'ennui. Je me suis rappelé les vers de Baudelaire, au début des *Fleurs du mal*. Oui, l'ennui est un bien grand mal. Je ne le connaissais pas. Apprendre à le connaître n'est pas des plus agréables...

*

Je suis retourné en librairie. Je venais de finir mon cycle de science-fiction. *La Planète des singes*. *La Nuit des temps*. Ouvrages sympathiques. On me tomberait dessus si l'on m'entendait les résumer ainsi, avec une telle désinvolture. Désinvolture ? Il n'en est rien, pourtant. Je ne me juge simplement pas assez bien placé pour pouvoir émettre un avis sur les textes que je découvre. J'ai sympathisé avec mon libraire. Un homme agréable et courtois, d'une quarantaine d'années. C'est lui qui me conseille. Il est toujours très amusé quand j'entre dans sa librairie.

« Ah ! Le stock est déjà épuisé ! »

La librairie est fermée, aujourd'hui. Pour congés. Je ne suis pas content. Le libraire a bien sûr le droit de prendre des vacances. Mais je ne suis pas content. J'ai conscience que ma réaction est disproportionnée. Elle est la preuve que je commence à devenir livro-dépendant. Je suis passé de toxico du sport à toxico de la littérature. Il me faut un livre. Je n'en ai plus chez moi, et je sais qu'internet ne m'apportera rien avant demain matin. Je n'ai pas envie de prendre encore ma voiture. Je ne sais pas s'il y a une librairie dans le coin. Peut-être. Je marche. Je marche dans les petites rues de mon village provençal. Je ne trouve rien. Je reprends ma voiture, et vais ailleurs. J'ai envie de changer d'endroit. Aller davantage dans les terres. Juste pour changer. Je sais bien que les petites librairies ferment de plus en plus. Je ferais mieux d'aller à Marseille. Mais je n'en ai pas envie. Simplement pas envie. Vous devez me trouver bizarre. Il me fallait absolument un livre il y a peu, et voilà que je décide de laisser le hasard décider. J'arrive finalement dans un petit village très mignon, situé à proximité de vignes. Je ne dois pas être loin de Bandol. Je laisse ma voiture à l'entrée du village. Les rues sont désertes. Il faut dire que c'est encore l'heure de la sieste. La population de ces petits bourgs est en effet de plus en plus âgée. Je marche dans de jolies rues pavées. Je vois un commerce de savons. Un salon de coiffure. Mais pas de librairie. Ce n'est pas la peine. Je me suis aventuré ici pour rien.

« Vous cherchez quelque chose, monsieur ? »

Belle du Seigneur. Voilà donc mon roman du soir. Acheté à Marseille. Mais conseillé à La Cadière-d'Azur. Un charmant nom. Je n'avais jamais vraiment eu le temps, pendant ma formation puis ma carrière, d'aller découvrir les villages entourant Marseille. Il faut dire que je n'étais pas souvent chez moi. Et puis, j'ai quand même passé une grande partie de ma carrière en Angleterre et en Italie. *Belle du Seigneur.* Un titre magnifique. Et très intrigant. Une sorte d'énigme. Comme moi, en un sens. J'ai immédiatement envoyé un sms à Malika, pour savoir si elle connaissait.

« Très beau roman. Ça devrait te plaire ! »

La personne qui me l'a conseillé s'appelle Mathilde. C'est une femme d'une soixantaine d'années, récemment retraitée. Oui, retraitée comme moi ! Je crois qu'après l'épisode de mon inscription universitaire, j'ai pris d'autant plus conscience que, en un sens, mes égaux étaient les vrais retraités. À bien des égards, leur situation est similaire à la mienne. Ils n'ont plus la nécessité de travailler, ou du moins ne le peuvent-ils plus. Leur rapport à leur travail s'écrit forcément au passé. Enfin, je dis cela, mais Mathilde n'est pas tout à fait le meilleur exemple pour illustrer mon propos. Elle est professeur de lettres. Elle peut donc continuer à vivre sa passion. J'ai été frappé de la coïncidence. Je cherchais une librairie, un livre, et la seule personne sur laquelle je tombe dans ce village désert est professeur de lettres ! La coïncidence l'a elle aussi beaucoup amusée.

« C'est donc le destin qui m'envoie vers vous ! »

Il faut croire. Elle m'a gentiment invité à venir prendre un verre chez elle. Ce n'était pas de refus. Le soleil, à cette heure de la journée, créait une atmosphère étouffante. Et dire que j'avais l'habitude de jouer sous tous les temps, même les plus extrêmes. Je ressentais la chaleur en jouant, mais le jeu me la faisait oublier. Maintenant que l'obligation a disparu, la chaleur me semble plus pesante. Le travail, c'est vraiment la santé. Mathilde et moi avons parlé de différents sujets. Elle ne s'intéresse pas au foot, ce qui ne m'a pas spécialement déplu. J'ai pu ainsi lui parler plus librement, sans avoir une fois encore à évoquer ma carrière. Je ne la connaissais pas, mais elle m'a mis immédiatement en confiance. Je ne saurais expliquer ce phénomène. C'est comme si cette personne dégageait une bonté tellement pure, tellement évidente, qu'il était inutile de maintenir la réserve des premiers contacts. Nous avons parlé pendant longtemps. Je dis bien nous, et pas seulement moi. Il y a eu un vrai échange. Tout cela était très harmonieux.

« Je ne vais pas vous retenir plus longtemps : vous devez avoir le temps d'acheter votre livre »

Elle m'a conseillé d'acheter *Belle du Seigneur*. Elle m'a dit que ce livre me permettrait de percevoir différemment ma solitude. Je suis parti. Je réalise maintenant que, malgré notre intimité, nous ne nous sommes pas tutoyés. Nous n'avons même pas échangé nos numéros de téléphone. C'était une sorte de parenthèse enchantée.

*

Je n'ai pas fermé l'œil de la nuit. J'ai passé mon temps à lire. Lire. Lire. J'étais comme dans un autre monde. C'est seulement lorsque le jour a commencé à poindre que j'ai réalisé : je lisais depuis des heures. Il ne s'agit même pas d'une posture de ma part : je suis seul, je n'ai rien à prouver à personne. Je suis fasciné d'avoir pu me livrer à la lecture pendant des heures. Il faut dire que j'étais fasciné par ce que je lisais. Ce roman me plaît beaucoup. Il accorde une part importante à la vanité. Je suis bien placé pour savoir ce que c'est.

*

Je suis sorti. J'avais besoin de prendre l'air, après cette nuit blanche. J'avais envie de revoir Mathilde. Mais je me suis dit que c'était trop tôt. Je ne sais pas pourquoi, mais cette lecture a suscité chez moi l'envie de voir du monde. J'ai essayé d'appeler mon frère. Mais c'était son répondeur. Idem pour ma sœur. Ils doivent être en train de travailler. J'oublie parfois qu'ils ne vivent pas dans le même monde que moi. J'ai laissé un message à Clara. Cela fait longtemps que je ne l'ai pas revue. Elle a fini par me répondre.

« On peut se voir ce soir, si tu veux... »

Oui. Cela me tente. J'ai l'impression que j'ai plus de choses à lui dire. Je ne sais pas pourquoi, mais je me sens heureux. Effet du livre ? Ou est-ce autre chose ? Peu importe, prenons ce qu'il y a d'agréable dans mon humeur actuelle.

*

Après le déjeuner, j'ai continué ma lecture. Le livre devient plus sombre à mesure que l'on avance dans l'histoire. Mais je comprends mieux pourquoi Mathilde me l'a conseillé. Ce Solal me ressemble. Il a de l'argent. Beaucoup d'argent. Mais il ne peut plus accomplir ce qui était sa raison d'être. Il a commis une erreur. Il la paie. Au prix fort. Mais il a la chance de ne pas être seul. Ariane. Ariane est là avec lui. Et elle l'aime. Clara serait-elle mon Ariane ? Je sens que, contrairement à Solal, l'amour peut être pour moi une réponse. Je vais me préparer. Je suis excité. Sans savoir pourquoi. J'emmène Clara dîner dans un bon restaurant, ce soir. Je crois... Enfin, je n'en suis pas sûr mais... je crois que je suis capable de l'aimer...

*

Nous rions. Nous passons une bonne soirée. L'ambiance entre nous me semble plus détendue que d'habitude. Il règne un je ne sais quoi très plaisant. Je propose à Clara de venir prendre un verre chez moi. Elle accepte. Je ne lui ai rien dit de neuf pendant le dîner. Mais je sens que la nuit s'annonce belle.

*

Une belle nuit d'amour. Comme je n'en avais plus connu depuis longtemps. Tout paraissait si simple. Si naturel. Je ne jouais pas un rôle. Je me sentais bien avec Clara. Je l'ai raccompagnée jusqu'à son lieu de travail. Nous sommes partis suffisamment tôt :

elle ne voulait surtout pas arriver en retard. Je l'embrasse. Elle me regarde en pleurant.

« Antoine, j'ai quelque chose à te dire... »

*

Amoureuse. Est-elle réellement amoureuse ? En tout cas, notre histoire est terminée. Terminée. Alors que j'espérais un nouveau départ. Ironie du sort ! Je suis la victime de mes propres hésitations. Clara n'est pas responsable. Elle a rencontré quelqu'un. Je ne sais pas qui est cet homme. Je n'ai pas vraiment voulu savoir. Elle m'a simplement dit qu'il travaillait dans une boîte de télécom. Un homme comme un autre, quoi. Je dis cela sans mépris. Je ne me considère pas comme un homme supérieur. Je me dis simplement qu'elle avait peut-être besoin d'une vie plus simple. Plus rangée. J'ai conscience d'être quelqu'un de compliqué. J'ai envie de changer. Je crois que je peux changer. Elle a dû sentir que je n'étais pas amoureux d'elle. Je pensais pourtant que mes sentiments auraient pu évoluer.

« Tu as besoin de te prouver des choses, Antoine... »

« Tu as des sentiments pour moi, mais tu ne m'aimes pas... »

« Tu n'as pas encore trouvé la bonne personne... Ou peut-être te faut-il la retrouver ? »

Elle a compris. Je ne lui ai jamais parlé de Marie, mais elle a compris. Mon esprit est ailleurs. Mon cœur l'est aussi. Marie est toujours présente. Clara a raison : j'essaie de me convaincre que ce n'est pas le cas. Mais je ne peux m'opposer à ce que je ressens.

« Pourquoi être venue chez moi, hier soir ? »

Elle a les larmes aux yeux. Elle m'embrasse sur la joue. Rapidement. Mais avec une grande tendresse.

« Au revoir Antoine... »

*

Seul. À nouveau seul. Encore plus seul que Solal dans *Belle du Seigneur*. Encore plus seul qu'il y a quelques semaines. C'est ma faute. Je ne peux m'en prendre qu'à moi-même. J'ai tout gâché. Non, ce n'est même pas cela. Je ne suis pas un adepte de l'auto-flagellation. Je n'aime pas souffrir pour souffrir. Ma carrière m'a appris à vivre avec la souffrance. Souffrance physique des efforts répétés. Des contacts violents. Des opérations à répétition. Souffrance morale aussi. La pression. Le stress. Les remises en question. Je sais souffrir quand il le faut. Mais je refuse de créer moi-même cette souffrance. Je n'ai rien gâché. Clara n'était pas celle que j'attendais. Nous aurions pu être heureux ensemble. Nous l'avons parfois été. Mais il y avait un décalage entre nous. Elle m'aimait. Je l'aimais bien. Beaucoup. Mais pas assez. À nouveau, je n'étais pas sur la même planète. Je suis définitivement seul.

J'ai beaucoup pensé à Clara. Cela me faisait mal. Et, en même temps, je sentais bien que je n'étais pas totalement désemparé. J'ai même fini par être heureux pour elle. Je ne sais pas si ce garçon sera l'homme de sa vie. Peut-être n'est-il que de passage ? Le terme est laid. Je l'admets. Mais vous m'avez compris. Je crois que, l'essentiel, c'est qu'elle ait pu se détacher de moi. De mon image. Je réalise désormais à quel point elle a dû m'aimer. Je suis parti. Elle est à chaque fois revenue. Comme si elle ne me tenait pas rigueur de mon indécision. Comme si elle avait suffisamment d'amour en elle pour pardonner.

*

Moi aussi je suis prisonnier d'une image. D'une belle image. Marie. Aimer. Dois-je faire comme Clara ? Me confronter à la réalité ? Retrouver Marie pour l'exorciser. Je disais qu'elle me hantait. Je le crois de plus en plus.

« Avez-vous fini ? » (moi)

« Oui. Vous pouvez passer quand vous voulez » (le détective privé)

*

Des pièces. Des pièces dispersées. Incomplètes. Les pièces d'un immense puzzle. Le puzzle d'une partie de ma vie. Mais seulement d'une partie. Ce n'est pas ma vie que j'ai dans cette enveloppe. Mais celle de Marie. J'espère que le détective a fait ce que je lui avais demandé. Collecter des informations sur Marie. Retrouver sa trace. Mais sans rien me dire. Mais sans rien me révéler. Je ne souhaite pas tout savoir. C'est ce qui m'avait amené à brûler le dossier la première fois. C'est la raison pour laquelle j'ai fait appel à un autre détective. Un seul objectif. Absurde pour lui. Essentiel pour moi. Ne me livrer la vie de Marie que par fragments. Proposer un tableau incomplet de ce qu'elle est. Je n'ai pas envie de gâter son portrait. Je n'ai pas envie de gâter son image. J'y tiens. J'ai besoin de l'imaginer telle qu'elle devrait être.

*

J'ai rangé le dossier chez moi. Pas bon de regarder ça tout de suite. L'épisode Clara est encore trop proche.

*

J'ai terminé ma lecture de *Belle du Seigneur*. Le roman m'a beaucoup plu. Même si, je dois l'avouer, je n'avais pas forcément besoin d'une lecture aussi sombre en ce moment. Mathilde avait néanmoins visé juste. Le roman correspondait bien à ma situation personnelle. Au questionnement existentiel qui peut être le mien en ce moment. C'est incroyable qu'elle ait su si bien m'orienter, alors que nous nous connaissons à peine... C'est vrai qu'elle a été professeur de lettres, et qu'elle avait donc suffisamment d'œuvres en tête pour bien me conseiller. Mais il y a autre chose. C'est comme si elle avait su voir clair au fond de moi. Comme si elle avait été une sorte de guide spirituel. Vous devez me prendre pour un mystique. Je sais que mes propos peuvent prêter à rire. Mais je suis très sérieux. Je crois que Mathilde peut m'aider à mieux me comprendre. À avancer dans cette vie qui n'a plus grand sens pour moi. Il faut que je la revoie.

*

Je suis retourné à La Cadière-d'Azur. Mais Mathilde n'était pas là. Elle devait être sortie. Je suis allé faire un tour dans les rues. Il n'y avait pas grand monde. Mais au moins y avait-il le soleil. Je me suis posé sur un banc. J'ai attendu. Le temps a passé. J'ai fini par aller sur une terrasse. Prendre un verre. Que mes journées sont passionnantes ! Je me rends compte que, si je ne vois personne, ma vie n'a pas un grand intérêt. L'enfer, c'est les autres ? Je ne suis pas de cet avis. Je n'irais pas jusqu'à dire que les autres représentent le paradis, mais je ne vois pas l'intérêt d'une existence solitaire. Peu de gens doivent être faits pour cela. L'homme est un animal politique. Il a besoin d'être entouré. Mon professeur de philo avait raison. Bon, il tirait sa pensée d'Aristote. Ça aide.

*

Je suis retourné sonner chez Mathilde. Aucune réponse. Aucun mot sur la porte. Comme si elle devait me prévenir de son absence ! Après tout, elle ne doit rien à personne, et surtout pas à moi. Je suis triste de ne pas pouvoir la voir. Je m'étais fait une joie de pouvoir échanger avec elle. J'ai vraiment l'impression d'être seul en ce moment. Mon frère et ma sœur m'ont bien rappelé. Mais ils ne sont pas restés longtemps au téléphone. Ils ont leur propre vie. Un travail. Une famille. Ils n'habitent pas au même endroit que moi. Nous ne nous voyons plus beaucoup. Ma carrière a été l'origine de cette distance entre eux et moi. J'étais toujours en déplacements. J'avais peu de vacances. Et quand j'en avais, je partais dans des destinations lointaines et exotiques. Maintenant, j'ai du temps. Mais eux n'en ont plus vraiment. Je n'ai pas d'enfants, mais cela ne m'empêche pas de m'imaginer le travail que cela doit représenter. Travail ? Non, ce n'est pas le bon terme. C'est un mot trop laid pour parler d'une si belle chose : être parent.

*

Que faire concernant Mathilde ? Lui laisser un mot ? J'en ai très envie, mais cela serait un peu bizarre. Elle avait été très amicale et naturelle avec moi, mais cela ne m'autorise pas non plus à me comporter comme un familier. Tant pis. Je repasserai une autre fois. C'est une journée perdue. Comme beaucoup d'autres. Moins que certaines, toutefois. En sortant, j'ai vécu un moment très simple. Totalement banal. Mais qui a été comme une belle lueur dans cette journée un peu grise. Je descendais la rue de Mathilde lorsque j'ai croisé quelqu'un. Une jeune femme. 25-30 ans à vue de nez. Brune. Les cheveux longs. Elle était souriante. Très souriante. Elle semblait épanouie. Son sourire m'a redonné le sourire. Je lui ai lancé un « bonjour » quelconque, un peu hésitant. Elle m'a regardé avec bonté. Enthousiasme. Je n'arrive pas à dire comment elle m'a regardé, mais son regard m'a fait du bien. J'avais l'impression qu'elle se souciait de moi. Que je n'étais pas juste un passant que l'on salue par politesse. Nous nous sommes dévisagés, sans pour autant nous arrêter. Je me suis retourné. Elle s'est retournée. Comme si elle avait senti que je la regardais. Elle m'a à nouveau souri. Sans que ce sourire soit une quelconque invitation. Juste un sourire humain. Plein de gentillesse. Elle est entrée dans l'immeuble de Mathilde. Décidément, ce lieu regorge de personnes aimables.

*

Sur la route, j'étais comme sur un petit nuage. J'éprouvais une sensation étrange, comme si l'on m'avait fait un grand bien. Cette jeune femme était charmante. Mais ce n'était pas que cela. Il y avait quelque chose de spécial qui émanait d'elle. Quelque chose d'indicible. De beau et de bon.

*

J'ai passé une partie de ma soirée à penser à cette jeune femme. Une partie seulement. Cela aurait pu être plus. Mais j'avais accepté d'aller voir un match au stade Vélodrome. Mon club m'avait invité pour célébrer un anniversaire. Je ne sais même plus lequel. Peu importe. J'étais surtout content de sortir. Revoir les dirigeants. Aller saluer l'entraîneur. Mes anciens coéquipiers. Le match n'avait rien d'exceptionnel. Mais cela faisait plaisir de revenir au stade. Avant, j'aurais beaucoup appréhendé ce moment. Mais la rencontre de cet après-midi m'avait mis de bonne humeur. Serais-je en train d'évoluer ? Le footballeur Antoine Moreno serait-il en train de mourir ? Rien ne disparaît, tout se transforme. Mais en quoi vais-je me transformer ?

*

Je n'ai pas beaucoup dormi. J'ai passé une partie de la nuit à songer à cette journée. Au match, bien sûr. Il y a toujours une certaine excitation à être au stade. Joueur, je ne trouvais jamais le sommeil après un match. Trop de tension nerveuse. Trop d'émotions accumulées. Mais je mentirais si je disais que seul mon retour au Vélodrome a occupé mes pensées. J'ai beaucoup pensé à la jeune femme. À cette belle personne qui m'a souri. Qui m'a regardé. Vraiment regardé. Je crois que son image est peu à peu devenue floue dans mon esprit. Effet de la fatigue, bien sûr.

Mais aussi effet du peu de temps passé avec elle. Quelques secondes. Rien de plus. Juste le temps de se saluer.

*

J'ai invité Malika et sa famille à venir dîner à la maison. Cette grande propriété est trop souvent vide. Il est bon de pouvoir en faire profiter autrui. Nous avons passé une bonne soirée. Je commence à m'attacher à cette jeune femme, ainsi qu'à ses enfants et à son mari. Ils n'étaient rien dans ma vie il y a encore un an. Et maintenant, je les considère de plus en plus comme des amis. L'existence est décidément bien étrange. Après les avoir raccompagnés, j'ai repensé à tous ceux qui un jour avaient été mes amis. Au total, cela représente beaucoup de personnes. Ils furent tous, à un moment de ma vie, des êtres importants pour moi. Nous avons passé du temps ensemble. Ils étaient mon quotidien. Mes confidents. J'étais également le leur. Et puis nous avons été séparés. Nous avons pris des voies différentes. D'abord des textos échangés à distance. Puis des occasions de se revoir. Et puis... Et puis le temps passe, et les liens se distendent. Sans que l'on s'en rende trop compte, d'ailleurs. D'autres personnes s'invitent dans notre quotidien. Elles ne sont pas forcément meilleures que celles que nous aimions. Mais elles sont là. À côté de nous. Elles vivent là où nous vivons. Ou exercent la même profession que nous. Ce sont d'abord des étrangers. Puis il y a un déclic. On se tutoie. On plaisante. On finit par se voir en dehors du travail. On se conseille. On s'appelle. Le quotidien nous impose notre vie. Nos fréquentations. Nos amis. Il y a sans doute, quelque part, des personnes susceptibles de nous plaire − amicalement ou sentimentalement − tout autant que celles-ci. Mais elles vivent loin. Elles ne nous connaissent pas. Nous ne les connaissons pas. Malika est là. Les autres ne sont plus là. J'ai toujours leur numéro. J'appelle certains d'entre eux à l'occasion. Mais ils ne sont plus là. Ils vivent ailleurs. Ils appartiennent à un autre univers. C'est là le cours de la vie. C'est là le fruit de notre modernité. Il y a un siècle, je serais sans doute resté vivre dans mes montagnes. J'aurais fréquenté les mêmes personnes toute ma vie. Aurait-ce été un mal ? Un bien ? Je n'en sais rien. Je constate juste que la vie implique le changement. Je dois moi-même changer. Ma vie actuelle n'est pas vraiment adaptée à ce qu'est la vie.

*

Marie. Marie. C'est toi qui me rends nostalgique. C'est toi qui me fais regretter d'être né à notre époque. Marie. Si rien de tout ce qui existe maintenant n'avait existé, nous serions toujours ensemble. Je serais peut-être paysan. Ou artisan. Nous serions peut-être déjà mariés. Avec des enfants. Marie. Voilà des idées étranges qui me viennent en tête. Aurais-je aimé avoir une vie simple à la montagne ? J'aurais peut-être pu l'aimer. Mais plus maintenant. C'est trop tard. Je vis dans le regret. Le souvenir. La nostalgie. Mais je sais bien que tout ceci est un leurre. Un montage pour me rassurer. Ou me faire déculpabiliser.

*

Ouvrir l'enveloppe. Commencer la recherche. Moment difficile.

Ai-je le droit de retrouver Marie ? Ai-je le droit d'entrer à nouveau dans sa vie ? Je ne sais pas. Je pense que oui. Je veux croire que je ne fais là rien de mal. Après tout, c'est Marie qui a repris contact avec moi. Indirectement, c'est vrai. Mais c'est elle qui m'a offert ce cahier électronique. C'est elle qui s'est constituée en énigme. Un prénom. Son seul prénom. Rien d'autre sur le paquet cadeau. Marie. Ma Marie. Mon mystère.

*

J'irai jusqu'au bout cette fois-ci. Quelles qu'en soient les conséquences. J'ai envie de savoir. Non, ce n'est même pas ça : j'ai besoin de savoir. Comme si j'étais actuellement incomplet. Comme si retrouver Marie était la meilleure voie possible vers un bonheur futur.

*

Je ne voulais pas la retrouver de manière simple. Banale. J'ai essayé de faire cela la première fois. On a vu le résultat. Le feu. La destruction. Le néant. Il me faut agir différemment. Être directement impliqué dans ce processus de recherche. Les consignes que j'ai données étaient claires. Très claires. Me fournir des informations parcellaires. Première étape. Mêler ces informations. Deuxième étape. Me donner la possibilité de recomposer seul ce gigantesque puzzle. Troisième étape.

*

Marie sait plus de choses sur moi que je n'en sais sur elle. C'est évident. Je suis – je devrais plutôt dire j'étais – un personnage public. Elle non. Elle est restée dans l'ombre. Comme la plupart des êtres humains de cette planète. Moi, j'ai été exposé en pleine lumière. Sans vraiment le vouloir. Et pour une période limitée. Elle a pu m'envoyer sans peine ce cahier électronique. Il suffisait de l'adresser à mon club. Personne n'a su me dire la provenance du colis. J'ai demandé trop tard. Je n'ai retrouvé Marie sur aucun réseau social. Je ne trouve rien à son sujet lorsque je la *googlise*.

Faire appel à un détective était donc nécessaire. Je me plais parfois à penser que nos moyens actuels ont mis fin à un certain romantisme. Dans une époque plus ancienne, jamais je n'aurais eu la moindre chance de retrouver Marie. Je l'aurais peut-être croisée une fois, par hasard, des années plus tard. Je sais désormais que j'ai la possibilité de la retrouver. Cette idée me plaît. Mais elle me rend triste. J'aurais aimé laisser agir le hasard. Cela me semble plus naturel. Mais la nature veut-elle que je retrouve Marie ? Dois-je attendre passivement ? Je ne le peux pas. Je veux agir. Ouvrir l'enveloppe. Et commencer la recherche. La recherche la plus importante de toute ma vie.

*

Je suis retourné à La Cadière-d'Azur. J'avais besoin de revoir Mathilde. Elle n'est rien dans ma vie. Mais je sens qu'elle pourrait devenir quelqu'un d'important. Je le souhaite, en tout cas. Elle était chez elle, cette fois. Elle n'a pas été surprise de me revoir. Elle m'a accueilli avec un grand sourire. Elle a toujours ce naturel, cette douceur, qui me mettent immédiatement à l'aise. Elle m'a dit qu'elle revenait de vacances. Elle était allée rendre visite à son fils aîné, qui vit en Bretagne. Nous avons parlé de tout et de rien. De *Belle du Seigneur.* De littérature. De la Provence. De moi. Je parviens à me confier très facilement à elle. Quand je suis avec Mathilde, les barrières tombent. Son naturel a un effet direct sur le mien. Ma pudeur est moins vive : elle me semble même superflue. Je lui ai parlé de Marie. Peut-être n'aurais-je pas dû. Mais je l'ai fait. Il faut dire que toutes mes pensées sont focalisées sur elle en ce moment. Enfin, pas totalement. Je repense aussi à la jeune femme au joli sourire. Mais penser à cette femme relève plus du songe. Je n'ai pas parlé d'elle à Mathilde. Elle doit forcément la connaître. Si elle est entrée dans l'immeuble, c'est sûrement parce qu'elle est sa voisine. Ou parce qu'elle connaît quelqu'un qui vit ici. J'ai confiance en Mathilde. Mais je n'ai pas envie qu'elle intervienne dans la vie de cette jeune femme. Peut-être ne la reverrais-je jamais ? Mais je ne peux pas m'imaginer Mathilde lui parler de moi.

*

J'ai commencé à éplucher les pièces du dossier de Marie. Il y a là des photos. Des notes. Des billets de train. Le détective a laissé tout ce qui d'habitude demeure dans l'ombre. Le *making of* de son enquête, en somme. Il n'avait pas compris pourquoi je l'employais de cette façon-là. Il a dû penser que les gens fortunés avaient des tendances bizarres. Il a peut-être raison. Mes moyens financiers m'autorisent en effet ce genre de lubie. Si j'avais peu d'argent, je n'aurais sans doute jamais mis le feu au premier dossier. J'aurais essayé de revoir Marie assez vite. Vite ? Voilà un mot qui m'obsède en ce moment. Ne dois-je pas chercher à la retrouver le plus rapidement possible ? Ai-je encore une chance de la reconquérir ? Je ne crois pas que le temps œuvre en ma faveur. Marie finira bien par se marier. Par avoir des enfants. Non pas que l'idée me dérange. Mais je préférerais l'avoir juste pour moi. Instinct primaire, j'imagine. Le mâle veut avoir sa femelle pour lui tout seul. Puis être certain qu'il s'agisse bien de sa propre descendance. Je m'égare...

*

J'ai été invité à un grand cocktail. Il s'agissait d'une levée de fonds pour l'Afrique. J'ai bien sûr apporté ma propre contribution. Je peux me permettre d'être généreux. C'est facile dans mon cas. Avec les deux hôtels que j'ai achetés avant la fin de ma carrière, je continue à faire fructifier mon argent. Cette soirée m'a rappelé mon ancienne vie. Beaucoup d'argent. Beaucoup de luxe. Des rapports humains un peu superficiels. Si nous pouvons aider de cette façon-là, tant mieux. Mais je ne me vois pas participer régulièrement à ce genre de manifestation. Envie d'autre chose.

*

De l'eau. De l'eau. Voilà le premier élément du puzzle. L'eau et Marie. Une eau assez sombre. Légèrement ridée. Bord de mer ? Il n'y a bien sûr aucune indication sur la photo. Le détective a effacé toutes les traces. Cette photo ne m'apporte aucune indication précise. Le détective avait pour mission de mélanger les pièces, sans leur donner un ordre d'importance. Sans les proposer de manière chronologique. De l'eau.

« L'eau... L'eau représente par essence la féminité... »

Je n'ai pu m'empêcher de montrer la photo à Mathilde. Elle est comme une figure maternelle pour moi. Sans être pour autant ma mère. Il y a certaines choses que je peux lui dire plus facilement. Ma mère adorait Marie. Sans jamais me faire le moindre reproche, je crois qu'elle n'a pas très bien compris pourquoi je l'avais laissée. Avec Mathilde, tout est différent. Elle ne fait pas partie de ma famille. Elle ne fait pas partie de mon passé. Elle représente mon présent. Peut-être mon avenir. Peut-être pas. Je ne lui dois rien. Elle ne me doit rien. Les choses sont claires. Nettes.

*

La féminité. Me voilà bien avancé ! Je ne sais pas trop quoi tirer de cette première photo. Et je n'ai pourtant que cela. Pour l'instant. Je veux me forcer le plus possible à découvrir le mystère de Marie par moi-même. J'ai d'ailleurs eu une idée.

« Si vous voulez. Je trouve votre démarche de plus en plus bizarre, mais comme c'est vous qui payez... »

*

J'ai bien regardé la photo. C'est une étendue d'eau. Dans un cadre sauvage ? Impossible de le dire. La couleur sombre ne veut pas dire que l'eau est toujours de cette couleur. Le temps a pu être nuageux, ce jour-là. L'eau symbole de la féminité. Soit. Si l'on veut poursuivre l'explication symbolique, on pourrait dire que la noirceur de la photo renvoie au mystère. Les rides de l'eau évoqueraient dans ce cas le trouble. Mais à quoi ce type d'interprétation me sert-il ? À occuper mes journées ? Oui, c'est vrai, c'est déjà ça...

*

« Je voudrais te présenter des amis, Antoine. Je suis sûre que tu les apprécierais beaucoup » (Mathilde)

C'est vrai que ces personnes étaient toutes sympathiques. Plus âgées que moi pour la plupart, mais sympathiques. Il s'agit des membres du club de lecture de Mathilde. Elle m'a proposé de participer à une de leurs sessions. J'ai accepté avec enthousiasme. Tout s'est bien passé. Mais je me suis senti par moments un peu à part. Comme lorsque je m'étais inscrit à l'université. Tous ces gens sont très érudits. Aiment la littérature. Et aiment en parler. J'apprécie de plus en plus le fait de lire. Mais je n'étais pas à ma place ici. Il y avait une complicité forte entre eux. Je crois qu'il faudrait du temps à un nouveau membre pour se sentir parfaitement à l'aise. J'ai remercié Mathilde pour son invitation. J'ai salué tous ses amis.

« J'ai été ravi de vous rencontrer ! »

« À bientôt ! »

« On se tient au courant ! »

Je suis rentré chez moi. Je pense que je ne les reverrai pas.

*

Voilà une semaine que je suis allé chez le détective. Le jour est venu. J'ai hâte. J'ai eu beau regarder la photo sous tous les angles, je n'ai rien pu savoir sur Marie. Hormis le fait qu'elle vive certainement à proximité d'une étendue d'eau. Belle découverte ! Dix heures. Rien. Dix heures et demie. Le facteur a dû passer maintenant. Non, toujours rien. On frappe à la porte. C'est Mathilde. Je l'accueille un peu froidement. Souvenir de la veille. Je ne suis pas rentré heureux de cette soirée. Et puis, en ce moment, j'ai surtout besoin d'être seul. Pour découvrir le courrier. J'essaie d'abréger la conversation. Mathilde a compris. Elle repart. On frappe à la porte. C'est encore Mathilde. Je suis exaspéré. Effet du stress, sans doute.

« Je viens de croiser le facteur : il m'a demandé de te donner ça... »

Recevoir la lettre du détective m'a soudain rendu de meilleure humeur. J'ai réalisé que je n'avais pas été très courtois avec Mathilde. Je lui ai proposé de prendre un café. Elle a poliment refusé. Elle m'a regardé d'un air entendu. Elle a compris que j'avais besoin d'être seul. Pour l'instant. J'ouvre la lettre. Deux papiers en tombent. Une carte reproduisant le tableau « Le baiser » du peintre autrichien Klimt. Et un mot écrit sur un vieux papier jauni : prison.

*

Prison. Peinture. Quel rapport entre un tableau où un homme embrasse une femme avec passion, et le mot prison ? Et comment rapprocher ces deux nouveaux indices de la photo de l'eau ? En demandant au détective de me fournir des indices parcellaires et symboliques, je ne me suis pas facilité la tâche ! Bon, ce n'est pas en quelques secondes que je vais trouver. Ça n'aurait aucun sens. Le tableau de Klimt représente l'amour. Un homme et une femme ne semblant faire plus qu'un. Un seul et même corps. La fusion parfaite. Tel que devrait être idéalement l'amour. Est-ce pour cela que le détective a écrit le mot prison ? L'amour est-il une sorte de geôle ? Le papier jauni évoque une idée de vieillesse, d'ancienneté. A-t-il voulu dire que Marie était toujours prisonnière de notre amour ? Serait-elle célibataire ? Que tout ceci est compliqué !

*

« Tes interprétations sont intéressantes, Antoine. Mais je ne suis pas sûre de pouvoir t'aider... »

Je sais qu'elle n'a aucune compétence en la matière. Elle n'est pas détective. Pas flic. Elle a passé sa vie à tenter de transmettre l'amour des lettres à des adolescents. Mais Mathilde possède une sorte de magnétisme. Elle me donne l'impression de pouvoir résoudre mes problèmes. Comme si les choses devenaient plus simples dès qu'on les lui confiait. Je me trompe sans doute. Mathilde a beaucoup de qualités, mais elle n'est pas non plus surhumaine.

« J'aimerais quand même avoir ton avis. Ou plutôt, si tu me le permets, avoir ton intuition : à quoi tout ceci te fait-il penser ? »

Mathilde n'a pas répondu tout de suite. Elle a pris le temps de regarder avec attention chaque pièce du puzzle.

« Tu vas me trouver très prosaïque, Antoine... »

Elle me sourit. Puis redevient grave.

« Et si Marie n'était tout simplement pas... en prison ? »

*

Marie en prison ? Impossible ! Je la connais. Elle n'aurait jamais pu commettre le moindre délit. C'est absolument impossible. Sa famille n'était pas forcément très riche. Mais elle n'était pas non plus au bord de la pauvreté. Et puis, Marie a des valeurs. Pourquoi serait-elle allée en prison ? Le tableau ? Aurait-elle volé un objet de grande valeur ? Je l'aurais su. J'imagine que ce genre de fait est archivé sur Google. Je n'ai rien trouvé à ce sujet. En prison par amour ? Aurait-elle commis un crime passionnel ? Mais je deviens fou ! Comment pourrais-je seulement imaginer cela ? Cette recherche me fait tenir des propos insensés ! Il doit y avoir une explication. Le détective a bien fait son travail. Peut-être même trop bien. Je dois réfléchir. Et attendre d'avoir plus d'éléments...

*

J'avais besoin de me vider la tête. Sortir de mon quotidien. Je ne sais pas si je resterai vivre en Provence. J'y ai encore quelques contacts. Je commence à m'y faire quelques amis. Mais je ne sais pas ce que le futur me réserve. Si je retrouve Marie... Si... Si quelque chose... Peut-être serais-je amené à déménager ? À changer radicalement de vie ? Tout cela est très hypothétique pour l'instant. Je verrai en temps voulu.

*

Megève. De retour à Megève. C'est bon d'être de nouveau chez soi. Même si cela fait très longtemps que je n'y vis plus à l'année, c'est mon village. Là où j'ai grandi. Là où j'ai mes racines. Megève. Je suis rentré pour quelques jours. Peut-être plus. On verra bien. Ma mère est toujours contente de me revoir. Mon frère et ma sœur n'ont pas toujours l'occasion de revenir. Ma sœur vit en Angleterre. Mon frère en région parisienne. Exilés. Comme moi. J'avais le choix. Eux ne l'ont pas vraiment eu. Ou plutôt, leurs capacités ont décidé pour eux. Il n'y a pas de travail à Megève pour ceux qui veulent exercer dans des secteurs précis. Nous sommes un petit village, pas une grande ville. Cela me fait toujours drôle de rentrer sans les revoir. J'ai quitté la maison il y a longtemps, c'est vrai. Mais ils étaient là les premières années, quand je rentrais un peu l'été ou à Noël. Maintenant, tout est différent. Même mon village a changé. Il était plus animé par le passé. Il y avait plus de vie. Plus d'animations. C'était un vrai village. C'est en train de devenir une station à part entière. Je n'aime pas l'idée que Megève devienne l'équivalent de ces stations sans âme, construites de toutes pièces pour le ski. Le ski est venu à nous à Megève. Ce n'est pas lui qui a créé ce que nous sommes...

*

Je marche dans les jolies rues du village. Il neige. Novembre. Le grand sapin trône déjà, majestueux, devant l'église. Il n'y a rien de plus beau que Megève sous la neige. Je croise quelques regards familiers. Je ne suis pas un inconnu ici aussi. Mais ce n'est pas la même chose qu'ailleurs. Ici, je suis Antoine Moreno, le fils de Jean et Marianne. Ce n'est pas le footballeur que les Mégevans voient. Mais l'enfant du pays. Je marche dans les rues de Megève. Il y a peu de gens. Beaucoup de commerces sont fermés. Les galeries d'art et les boutiques de luxe ont remplacé boucheries, charcuteries, épiceries. C'est triste. Vivement Noël !

« Tu sais ce que sont devenus les parents de Marie ? »

Ma mère me regarde d'un air interloqué. Il faut dire que j'ai posé cette question sans transition. Avec, sans doute, une légère gêne dans la voix. J'ai essayé de formuler ma question de la façon la plus naturelle possible. Donc de façon très artificielle.

« Pourquoi tu me demandes ça ? »

« Je ne sais pas... Pour savoir... »

Ma mère continue de débarrasser la table.

« Ils ont quitté Megève il y a longtemps, tu sais... Je n'ai plus eu de leurs nouvelles... »

« Ah... »

« Je crois que sa maman est décédée : quelqu'un me l'avait dit... »

La mort. La mort a donc elle aussi frappé Marie. Mon père. Sa mère. Qu'il semble loin le temps où j'allais chez elle. Où elle venait chez moi. Je parlais avec sa mère. Elle parlait avec mon père. Tout nous semblait si simple, alors. Nous étions juste des ados. Amoureux. Et ne nous souciant pas du lendemain. Pas encore préparés à vivre ce genre de tragédie familiale. Y est-on est jamais préparés, du reste ? Je ne pense pas. Je crois que l'on fait comme tout le monde, et que l'on s'adapte. On apprend peu à peu à faire taire le petit enfant qui est en chacun de nous. Mais ce petit enfant nous suit toute notre vie. Personne n'est vacciné contre le chagrin. Personne n'est totalement prêt à affronter la vie dans ses différents aspects. Je pense à toi, Marie. À ta mère. À ton père. Vous avez quitté la région. C'est toi d'abord qui es partie. Pour tes études de droit. Puis tes parents. Pourquoi ? Pourquoi ont-ils eux aussi quitté la région ?

*

Je suis allé prendre un verre avec un ami d'enfance. C'était sympa de le revoir. Nous étions très proches au collège. Presque comme des frères. Puis je suis parti en sport-étude. Les liens se sont alors distendus. Il a sa propre vie, désormais. Avec sa femme et ses trois enfants. J'ai senti que beaucoup de temps avait passé. Car nous avons surtout parlé de nos souvenirs de collégiens. Comme si nous ne pouvions plus désormais échanger sur notre quotidien. Trop de différences. Trop de moments passés loin l'un de l'autre. Étrange sensation. Je réalise que j'ai vieilli. Que certaines époques de ma vie appartiennent désormais à un passé très lointain. Et tout ça sans que j'aie pu m'en rendre compte. J'en viens à lui parler de Marie. Aucune nouvelle.

« Tu sais, Antoine, je ne sors pas beaucoup de la région... »

*

Voir Franck m'a fait du bien et du mal. Du bien parce que cela a occupé mon temps. Il y a peu de choses à faire à Megève en ce moment. Tout paraît bien vide. Et en même temps cette rencontre m'a fait du mal : j'ai eu la désagréable impression qu'il était un homme accompli, et moi non. Il a un travail. Une famille. Il vit dans une belle région. Il aime. Il est aimé. Il voit ses enfants grandir. Je n'ai rien de tout cela. Ah si ! La belle région. Je peux choisir l'endroit où je souhaite vivre. Je n'ai aucune limite financière. Maigre consolation...

*

Je prends mon téléphone. Je suis furieux.

« Non mais, vous me prenez pour qui ? »

« Je ne fais que suivre vos directives, monsieur Moreno... »

« Des spaghetti bolognaises ! Vous croyez vraiment qu'une photo de spaghetti bolognaises va m'être utile ? »

« Vous souhaitiez avoir des informations parcellaires et

symboliques : je m'efforce de vous contenter... »

Je raccroche. M'énerver n'est pas dans mon habitude. Je suis plutôt quelqu'un de calme et de poli. Mais trop c'est trop ! Que vais-je faire de ce nouvel élément ? Quel est son sens ? Et quel rapport peut-il avoir avec tous les autres ? Je pourrais formuler des interprétations totalement fantaisistes. Marie a un restaurant italien. Marie ne mange que des pâtes parce qu'elle est en prison. Marie est devenu boulimique. Marie vit en Italie.

Je prends mon téléphone.

« Aéroport de Genève, je vous écoute »

« Bonjour Madame, reste-t-il des places aujourd'hui pour un vol direct Genève-Bologne ? »

*

Me voici à Bologne. Je suis parti comme ça. Sur un coup de tête. Ma mère n'a absolument pas compris. Moi non plus d'ailleurs. Je dois vraiment être désespéré pour avoir voulu établir un lien entre les spaghetti bolognaises et le fait que Marie puisse vivre à Bologne. Mais bon, on ne sait jamais. Ça ne coûte rien d'essayer. Marie a très bien pu venir vivre en Italie. Il est vrai que Bologne n'est pas Venise : la photo d'une étendue d'eau ne se justifie pas. J'y ai bien réfléchi. Si jamais Bologne a une quelconque valeur, ce doit être parce que Marie a vécu dans cette ville. Pourquoi ? J'ai eu le temps de songer à tout cela dans l'avion. Je pense qu'il est possible qu'elle soit venue ici pour son Erasmus. J'ai regardé sur Wikipédia. Bologne a une université prestigieuse. Marie a toujours été une personne studieuse. Elle n'aurait pas choisi un endroit où son diplôme n'aurait eu aucune valeur. Bologne. Erasmus. Nous sommes dimanche. Je ne pourrai rien faire aujourd'hui. Je vais aller me promener. Demain, j'irai me renseigner.

*

Marie aimait beaucoup l'Italie. Qu'elle ait pu choisir d'y venir pour effectuer son Erasmus ne m'étonnerait pas. Je connais bien ce pays. J'ai joué pendant trois saisons dans le championnat italien. J'aimais bien. Je jouais pour un club très prestigieux. La Juventus de Turin. Je crois que j'ai vécu là trois des plus belles années de ma carrière. Celles pendant lesquelles mon niveau de jeu a sans doute été le plus satisfaisant. Mais je ne suis pas resté. Je n'aimais pas trop la ville de Turin. Et puis ce championnat commençait à connaître le déclin. Moins de stars. Des stades parfois vétustes. Des supporters passionnés, mais pas toujours très fins... Heureusement pour moi que je n'étais pas noir...

*

Les Italiens sont des immenses fans de foot. Les *tifosi*. En me promenant dans Bologne, j'ai été arrêté par de nombreuses personnes, qui souhaitaient faire une photo avec moi. C'était agréable. Il n'y a pas la même passion en France, sauf à Marseille, où hommes comme femmes aiment le foot. Ou plutôt devrais-je dire aiment l'OM. L'université ouvre à 9h. Je vais finir tranquillement mon cappuccino.

*

« Désolé, monsieur, mais vous ne pouvez pas avoir accès aux dossiers de nos anciens étudiants... » (une secrétaire de l'université)

« Mais, madame, croyez bien que c'est important... Je dois absolument retrouver cette jeune femme... »

Elle reste impassible. La caricature de la secrétaire bornée.

« Madame... »

Elle ne me regarde plus du tout. Elle attend sans doute que je m'en aille.

« Faites appel à vos sentiments... Si je recherche cette jeune femme... C'est une question... d'amour... »

Elle me tourne le dos. Range ses dossiers. Je pense surtout qu'elle feint de les ranger. Pour se donner une contenance. Je sens que je vais exploser.

« C'est ça, faites comme si vous ne m'entendiez pas ! Vous dormirez sur vos deux oreilles, ce soir, la conscience du travail bien fait ! Je vous méprise ! »

Elle fait non de la tête. Sans me regarder. Comme si elle me prenait pour un insensé. Je vais m'arrêter là. Je risque de devenir grossier ou brutal. Je repars. Je suis furieux. Je ne regarde pas devant moi. Je ne suis que colère. Je bouscule un homme, et fais tomber les dossiers qu'il portait. Cela me fait revenir à de meilleurs sentiments.

« Je suis désolé, monsieur... Je vais vous aider à ranger... »

Je me baisse pour remettre les feuilles en ordre.

« Antoine Moreno, le joueur de la Juve ? »

*

Francesco Di Matteo est directeur du département d'histoire de l'art de l'université de Bologne. Et grand amateur de foot. Supporter de la Juve. Ça aide. Il a gentiment accepté de me renseigner.

« Juste retour des choses... »

Il a alors parlé de ce match contre l'AC Milan, où j'avais inscrit un doublé décisif. Il a recherché Marie dans le fichier administratif de l'université.

« Tu dis qu'elle était en droit, Antoine ? »

Oui, en Italie, on tutoie facilement.

« Je crois... »

Francesco fronce les sourcils.

« Je ne la trouve pas en droit... »

Francesco voit ma déception. Il décide de persévérer.

« Bon, je vais élargir la recherche... Ce n'est pas très légal, mais s'il fallait toujours respecter les règles... »

Il m'adresse un sourire complice. Je lui souris à mon tour, avec reconnaissance. Francesco pianote sur son clavier pendant quelque temps. Il se gratte le front. La manœuvre ne doit pas être aisée. Je regarde son bureau. Beaucoup de diplômes. Beaucoup de livres. Quelques photos d'étudiants. Dont une...

« Francesco ! » (moi)

« Je l'ai trouvée ! » (lui)

*

Scène incroyable. On pourrait la penser inventée de toutes pièces. Pour faire joli. Pour faire bien. Façon signe du destin. Mais je ne suis pas dans cette perspective. Je n'écris pas pour être publié. J'écris pour moi. Scène incroyable, donc. J'ai revu Marie. Marie. Mon aimée. Sur une photo que Francesco avait dans son bureau, dans un grand cadre blanc.

« Je ne sais pas pourquoi j'ai gardé cette photo plutôt qu'une autre... Le hasard, sans doute... »

« Tu sais, les années passent et tu ne penses pas spécialement à changer la déco de ton bureau... Qui s'en soucierait ? »

Marie en photo. Avec beaucoup d'autres étudiants. Section histoire des arts. C'est la découverte que Francesco a faite au même moment que moi. Marie n'était donc plus inscrite en droit. Pourquoi a-t-elle abandonné ces études ? Marie en histoire des arts. Je ne l'aurais jamais pensé. Je me rends compte que cette femme que je dis aimer est de plus en plus une énigme pour moi. Elle est une belle image que j'ai dans la tête. On peut tomber amoureux d'une image. Mais que se passe-t-il lorsque l'on confronte l'image à sa réalité ? Est-on nécessairement déçu ? Je vois bien que, par ma recherche, je suis en train de faire de Marie ce qu'elle n'est pas. J'ai construit autour d'elle tout un édifice. Je la mets sur un certain piédestal. Le mérite-t-elle ? Ne serait-il pas plus simple de chercher à rencontrer une autre femme ?

*

J'ai invité Francesco à déjeuner. Je lui devais bien ça. Il m'a confié l'ensemble du dossier de Marie. C'est-à-dire en somme assez peu de choses. Je sais juste que Marie était inscrite en parallèle dans une université parisienne. Qu'elle était douée dans son domaine. Et j'ai désormais son adresse mail. J'ai raconté toute mon histoire à Francesco. Il s'est comporté avec moi comme un véritable ami. Il a écouté tout ce que je lui ai dit avec beaucoup d'attention et d'intérêt. Ce n'était pas feint. J'aime cette spontanéité et cette générosité italiennes. Ces « Français de bonne humeur », comme les avait définis Stendhal.

« Je te remercie pour tout, Francesco. Je ne sais pas si je suis plus avancé, maintenant, mais j'ai au moins une idée du domaine dans lequel Marie doit travailler... »

« Cela explique peut-être la photo du tableau de Klimt... »

« Oui... »

*

De retour en France. Pas à Megève. Je n'y suis passé que

rapidement. Pour reprendre mes affaires et saluer ma mère. Non. De retour dans le Sud. Je suis content de retrouver ma vie provençale. Avoir un peu voyagé m'a fait le plus grand bien. Cela m'a permis de prendre du recul sur ma vie actuelle. Surtout, je reviens en ayant enfin eu l'impression d'avancer. Je sais des choses sur Marie. Pas au point de pouvoir la retrouver dès demain, mais je peux me représenter plus facilement sa vie actuelle. Si toutefois elle est en conformité avec les études qu'elle a effectuées. Je ne suis plus à une surprise près.

*

« Le tableau de Klimt, d'accord. Les spaghetti bolognaises, d'accord. On peut d'ailleurs dire que tu as eu une intuition chanceuse »

« C'est vrai »

« Bon, il reste le mystère de l'étendue d'eau, et du papier jauni avec le mot prison... J'imagine que tu n'as pas avancé ? »

« Non. Je pense que ces deux indices ont une valeur purement géographique, mais je n'en sais pas plus... »

« Attends le prochain envoi : cela t'aidera peut-être à mieux comprendre l'ensemble... »

« Oui. »

« Au fait, j'organise une nouvelle rencontre littéraire samedi. Tu veux venir ? »

« Je ne sais pas... »

« Tu n'es pas obligé... »

« Je vais être franc avec toi, Mathilde : je me suis senti en décalage par rapport à tes amis, la dernière fois... »

« Je comprends... Mais ce sera différent, samedi : il y aura plus de jeunes. Certains anciens élèves viendront nous faire part de leurs goûts littéraires »

« Bon, dans ce cas... »

*

Une apparition. J'étais comme dans un rêve.

« Bonjour ! »

« B... Bonjour... »

Elle me sourit. Toujours ce même sourire.

« Vous êtes Antoine, c'est ça ? »

« Oui »

« Je vous en prie : entrez ! »

Je lui donne le bouquet que j'ai acheté pour Mathilde. J'aimerais en avoir acheté un pour elle aussi. J'enlève ma veste.

« Laissez, je vais la prendre ! »

Je la regarde. Fasciné. La jeune femme au sourire enjôleur a donc été invitée à la soirée de Mathilde.

« Maman, Antoine a apporté ce joli bouquet ! »

Maman. Mathilde est donc la mère de la mystérieuse jeune femme ! Et moi qui pensais qu'elles étaient simplement voisines ! J'imagine que Mathilde avait dû laisser ses clés à sa fille lorsqu'elle était partie quelques jours en Bretagne...

« Ne reste pas dans le couloir, Antoine ! Viens, il y a déjà du monde dans le salon... »

Je fais la bise à Mathilde, puis la suis.

« Alors, tu as fait la connaissance de ma fille ? »

« Oui. Je ne savais pas que tu en avais une... »

Nous arrivons dans le salon. Dommage. J'aurais bien aimé continuer à parler de ce sujet. Je sens que parler de littérature me passionnera encore moins ce soir.

*

Je ne cesse de regarder Julia. Car c'est ainsi qu'elle s'appelle. C'est drôle, car personne ne me l'a dit. J'ai entendu son nom prononcé par sa mère. C'est tout. Je ne peux m'empêcher d'être fasciné par cette jeune femme. Je ne la connais absolument pas. Je ne sais rien d'elle. Mais elle me fascine. Elle ressemble à sa mère en ce qu'il émane d'elle quelque chose de très particulier. Je ne saurais dire quoi. C'est très troublant. Je peux me tromper, mais je crois que seule Marie m'a déjà fait éprouver ce sentiment. L'envie de percer le mystère. L'envie d'être aimé d'une personne qui vous semble exceptionnelle. Tellement supérieure à toutes les autres. Une beauté absolue. J'essaie de ne pas trop la regarder. Je ne veux pas être lourd. Je n'ai pas envie de lui donner une mauvaise opinion de moi. Mais je ne peux m'empêcher de la regarder. Mon regard croise fatalement le sien par moments. Elle me sourit. Avec douceur. Comme si elle était bien disposée à mon égard. Comme si elle était d'une bonté naturelle. Avec moi. Avec tout le monde. Je n'ai aucun souvenir de ce qui a pu se dire pendant la soirée. Si, il y a eu un ancien élève de Mathilde qui a parlé du roman *Les cerfs-volants*, de Romain Gary. Ça a l'air d'être une belle histoire. Une belle histoire d'amour.

*

J'ai pensé à Julia toute la nuit. Autant dire que je n'ai pas beaucoup dormi. Seulement vers le matin. Quand l'esprit n'est certes pas disposé à le faire, mais que le corps le réclame. Je me suis réveillé fatigué. Mais d'excellente humeur. Sans trop savoir en revanche où j'en étais. Vous devez penser que j'exagère. Je ne connais pas cette fille. Il est possible que rien ne se passe entre nous. Comment, dans ce cas, dire que je suis perturbé ? N'est-ce pas un peu excessif ? Ce que je sais, c'est que je n'ai pas beaucoup pensé à Marie la nuit dernière. Ou alors, c'était parce que j'établissais des parallèles entre elle et Julia. Elles ne sont pourtant pas identiques. Déjà physiquement. Marie est brune, et a les cheveux assez courts. Julia a les cheveux longs et châtains. Mais j'ai une attirance pour les deux femmes. Elle n'est pas de même nature : j'ai déjà été en couple avec Marie, même si c'était il y a longtemps. De Julia, je sais finalement assez peu de choses. J'ai cru comprendre qu'elle aussi était professeur de lettres, dans un lycée de Marseille. Elle a l'air très intelligente. Elle n'intervenait pas régulièrement au cours de la soirée, mais disait toujours des choses très sensées. Autant certaines personnes, dans ces cafés littéraires, cherchent surtout à se faire valoir en tenant de grands discours pompeux, autant elle était d'une grande simplicité. On voit qu'elle est à l'aise. Elle ne cherche pas à prouver quoi que ce soit. Son aisance me rend en revanche bien plus timide que je ne le suis en réalité. Cette jeune femme est si proche de la nature. Elle semble ne pas se soucier des conventions aussi fortement que beaucoup d'entre nous. C'est à la fois plaisant et déstabilisant. J'ai envie de mieux la connaître. Il faut que je le fasse comprendre à Mathilde.

*

« Vous êtes bien sur le répondeur de Mathilde. Je ne suis pas disponible pour le moment, mais laissez-moi un message et je ne manquerai pas de vous rappeler... »

« Bonjour Mathilde, c'est Antoine. J'espère que tu vas bien... Je t'appelais pour te remercier pour la soirée d'hier. Tu as bien fait d'insister pour que je vienne. J'ai passé un bon moment avec vous tous et... »

On frappe à la porte.

« Pour vous. Bonne journée ! »

« Merci. Bonne journée ! »

« … je ne manquerai pas de vous rappeler... »

« Oui Mathilde, c'est encore moi. On a été interrompus. Le facteur venait me livrer le colis du détective. Hum... Où en étais-je ?... Ah oui ! Encore merci pour la soirée d'hier, qui était vraiment très bien. J'ai été content de faire la connaissance de ta fille et de tes anciens élèves. J'espère que d'autres rencontres seront organisées prochainement. Je n'ai rien de prévu aujourd'hui, donc si jamais tu as un peu de temps libre, tiens-moi au courant ! Je te souhaite une bonne matinée ! Je t'embrasse »

Voilà c'est fait. Je lui ai envoyé un message de remerciements. Par politesse. Mais surtout avec l'espoir de la revoir aujourd'hui. Je veux tout savoir sur sa fille. Tout savoir sur la mystérieuse Julia.

*

Ouvrir le colis du détective. Cela me semble moins urgent ce matin. Et pourtant, je n'oublie pas Marie. J'ai toujours envie de la retrouver. Mais je suis bien conscient que toute cette recherche est surtout pour moi une formidable occasion de tromper l'ennui. Je pourrais, si je le voulais, revoir Marie dès demain. Il me suffirait de demander au détective de me fournir toutes les conclusions de son enquête. Mais je ne veux pas agir trop vite. Ni trop lentement, d'ailleurs. Je sais, c'est paradoxal. C'est comme si je voulais garder Marie à distance, tout en ayant bien conscience que procéder ainsi risquerait de l'éloigner de moi définitivement. Ouvrir le colis du détective. Ne serait-ce que par curiosité.

*

Une petite statuette blanche. La Vierge et l'Enfant. Symbole de la maternité. Marie serait donc devenue maman. La nouvelle est pour moi comme un choc. Je me doutais pourtant que ce pouvait être le cas. Après tout, Marie a le même âge que moi. Un âge où de nombreuses femmes ont déjà un ou plusieurs enfants. Pourquoi échapperait-elle à la règle ? Il n'empêche, même si le fait qu'elle ait un enfant soit tout à fait envisageable rationnellement, je ne peux m'empêcher d'être choqué. Je ne pense plus du tout à Julia. Ou alors, c'est pour la voir comme une possible bouée de secours. Je sais. L'expression est horrible. Elle est d'un égoïsme dont je ne me croyais pas capable. Je ne pense pas vraiment ce que j'ai dit. Je voulais surtout dire que Julia, au moment où j'apprends que Marie a un enfant, pourrait représenter mon avenir. Le vrai avenir. Le seul avenir. Je voulais croire que Marie pourrait être celui-ci. Mais je me suis sans doute fourvoyé...

*

Nous n'avons jamais parlé d'enfants avec Marie. Nous étions trop jeunes pour cela. Je ne crois pas que nous ayons jamais évoqué le sujet ensemble, même pour plaisanter. À nouveau, nous étions bien loin de nous imaginer comme de futurs parents. Je ne dis pas que la question d'être père ne m'a pas effleuré pendant ma carrière. Mais je n'avais pas un mode de vie très stable. Je n'ai jamais été avec des femmes qui m'ont donné envie de m'engager à ce point avec elles. Peut-être aurais-je dû ? Je ne m'étais pas trompé sur leur compte. Après tout, nous ne sommes plus ensemble aujourd'hui. Mais j'aurais un enfant. Peut-être même des enfants. Mais est-ce vraiment ce que j'attends de la vie ? La réponse est non. Je ne peux dissocier dans mon esprit l'amour et la procréation. Je désire toujours être père. Tout retraité que je suis, je n'en reste pas moins jeune. Mais j'ai envie d'avoir des enfants avec une femme que j'aime vraiment.

*

J'ai posé la statuette sur un meuble du salon. En sortant pour jeter le colis, j'ai constaté qu'il restait un indice. Moins visible que la statuette. Une photo. Grise. Triste. Mais pas en noir et blanc. C'était une photo de cimetière. Je me suis soudain senti très mal. J'ai eu le souffle coupé l'espace de quelques secondes. Un cimetière. La Vierge et l'Enfant. Marie. Marie serait-elle... morte en couche ?

J'ai eu besoin de m'asseoir. Pendant de longues minutes. J'avais la tête qui tournait. Je me sentais d'une grande faiblesse. Ah ! Que je peux me faire de mal avec cette enquête ! Marie morte ? Non ! Je refuse de le croire ! Ce serait horrible ! L'un des pires événements possibles de ma petite vie...

*

J'ai essayé de me raisonner.

« Le détective aurait refusé de se prêter à ce jeu s'il avait enquêté sur une morte... »

« Les deux indices ne sont pas forcément à mettre sur le même plan... »

« Le cimetière et la statuette peuvent évoquer la perte de sa mère, une information qui m'était inconnue il y a encore peu de temps... »

Je vous passe toutes les hypothèses que j'ai pu formuler. Cela a duré un certain temps. Je m'en suis rendu compte quand j'ai vu qu'il était déjà 15h. J'ai décidé de faire le vide en moi. De ne plus penser à tout ça. Pas à chaud. Ça ne sert à rien. Je suis allé consulter mon portable. Aucun message. J'espérais pourtant que Mathilde me rappelle. Elle est l'une des seules à tout savoir de cette affaire.

« Bonjour Mathilde, désolé de te déranger, mais c'est encore moi... J'aurais besoin de te voir assez vite... Rappelle-moi dès que possible. Merci. Je t'embrasse »

Pas de nouvelles. L'impression d'être plus seul que jamais.

*

Mathilde a fini par me rappeler. Le lendemain. Elle m'a dit qu'elle avait été occupée toute la journée d'hier. Elle m'a proposé de passer chez elle cet après-midi. Cela me fera du bien. J'ai vécu des moments très noirs hier. Bien loin de l'euphorie qui était la mienne après la soirée littéraire. Il y a indéniablement quelque chose de surréaliste dans la vie. On peut passer sans transition du meilleur au pire. L'inverse est également vrai. Bien sûr, tout n'est pas tout noir ni tout blanc. Mais je me dis parfois qu'un être humain est un animal très solidement constitué. Est-il réellement supportable de passer par toutes les émotions que nous connaissons dans une vie ? Parfois dans un laps de temps très réduit ?

*

J'ai passé tout l'après-midi chez Mathilde. Je lui ai assez vite parlé de Marie. Ce n'était pas ce que je voulais faire, lorsque je lui avais laissé un premier message la veille. Mais les circonstances ont fait que le destin de mon ancien amour est devenu ma priorité. Mathilde s'est montrée circonspecte. Depuis le début de cette enquête, elle très sceptique quant à la méthode que j'emploie. Elle comprend ma démarche, mais n'y adhère pas.

« À ta place, Antoine, je n'attendrais plus : j'irais tout de suite revoir Marie »

Je lui ai demandé son avis sur les indices. Elle pensait à peu près comme moi.

« Tu as un symbole de mort, à côté d'un symbole de vie. La vraie question est : qui est mort ? »

Comme nous avons fini par épuiser le sujet, j'ai pu en venir à parler de la soirée.

« Je suis contente que tu aies aimé. Je pensais bien que la présence d'un public plus jeune te conviendrait davantage »

« Oui. Et j'ai été très content de faire la connaissance de ta fille. Julia est une femme très charmante »

Mathilde n'a rien dit.

« Pourquoi ne m'avais-tu jamais parlé d'elle ? »

Mathilde me regarde d'un air malicieux.

« Nous n'avons pas tous le même besoin de nous épancher sur nos existences, Antoine... »

*

« Nous n'avons pas tous le même besoin de nous épancher sur nos existences, Antoine... »

J'ai perçu cette phrase comme une attaque indirecte. Je ne crois pas faire une mauvaise interprétation en disant cela. Pourquoi Mathilde a-t-elle voulu me faire passer ce message ? Me trouve-t-elle trop envahissant ? En a-t-elle assez de mes histoires avec Marie ? C'est possible. Mais pourquoi, dans ce cas, ne me l'a-t-elle pas dit clairement ? Après tout, nous commençons à bien nous connaître. Et on ne peut pas dire qu'elle soit l'apogée de l'hypocrisie. Alors pourquoi ?

*

« Bonjour Antoine ! Tout va bien, merci ! Et toi ? Je ne connais pas de Julia Domigny, mais je vais me renseigner ! Tout se sait dans l'Éducation Nationale ! As-tu pensé à chercher sur internet ? Tu passes à la maison quand tu veux ! Les enfants (et Patrick !) te réclament ! J'en suis presque jalouse ! Bon, j'arrête mes bêtises ! Bisous » (Malika, sur mon répondeur)

Bien sûr que j'ai pensé à *googliser* Julia. Mais je n'ai rien appris de spécial. J'ai juste vu qu'elle avait fait un doctorat sur Proust, et qu'elle avait publié quelques articles littéraires dans des revues spécialisées. Mais rien sur Facebook ou sur Twitter.

« Tout le monde n'y est pas, Antoine. Et puis la plupart des profs change de noms sur internet, pour éviter d'être retrouvés par leurs élèves... » (Malika, au téléphone)

C'est vrai. J'espère que Malika trouvera. Je pense que le meilleur moyen de rencontrer Julia est de ne pas passer par sa mère. Je reste sur ma mauvaise impression de la dernière fois. J'ai le sentiment que Mathilde m'apprécie moins. A-t-elle perçu mon attirance pour sa fille ? Cela la dérange-t-elle ? Je ne sais pas si Julia est libre. Mais j'aime à croire que c'est le cas. Elle était seule lors de la soirée. Elle n'avait pas d'alliance. Et je ne crois pas qu'elle aurait laissé son enfant seul si elle en avait eu un. Je vais me complaire dans cette idée-là. L'espoir fait vivre.

*

Je suis retourné courir. J'y vais avec plus de plaisir désormais. J'ai un but : retrouver un corps d'athlète. Pour plaire à Julia. Marie. Ou une autre. Je n'en sais rien. Je ne veux pas me laisser aller. J'avais pris quelques kilos ces derniers mois, à ne plus faire d'activités sportives. Le corps d'un sportif de haut niveau se venge au moment de la retraite. Si on ne lui donne pas sa drogue quotidienne, il change de forme. Lui aussi se met en vacances, en somme...

*

Mon portable sonne. Je vois le nom de Malika. Mon pouls s'accélère soudain.

« Allo ? »

« Allo Antoine ? »

« Salut Malika ! Tu vas bien ? »

« Oui et toi ? »

« Ça va ! »

« Bon, tant mieux ! Je ne vais pas rester longtemps Antoine, car je dois emmener Lucas à son cours de judo... Mais je voulais te donner le plus vite possible les informations que tu m'avais demandées... »

« Merci beaucoup, c'est très gentil ! »

« Tu sais bien que ça me fait plaisir de t'aider... La jeune femme à laquelle tu t'intéresses a un poste de professeur de français au lycée Marcel Pagnol. Tu veux que je te donne l'adresse ? »

« Non, ne t'en fais pas, Malika : je la trouverai sur internet. Merci beaucoup ! »

« De rien. N'hésite pas quand tu as besoin de quoi que ce soit. On se voit bientôt ? »

« Quand tu veux. J'ai hâte de voir ma bienfaitrice ! »

Elle rit.

« Bon, je dois y aller maintenant ! À bientôt Antoine ! Prends soin de toi ! »

*

Hésiter. Hésiter à franchir le pas. Retrouver une peur depuis longtemps disparue. Celle du collégien qui n'ose pas aller demander à une fille qui lui plaît de sortir avec lui. C'est un peu ridicule, je sais. Mais qui n'a pas connu ça ? Je suis très tendu depuis ce matin. Je me suis réveillé beaucoup plus tôt que prévu. Je pensais maîtriser mon stress, mais je n'ai pas réussi. Autant je savais faire preuve de sang froid dans les grands moments de ma carrière, autant je n'ai pas de quoi être fier de moi en ce moment. Bon, jouer un match et tomber amoureux, ce n'est pas tout à fait la même chose... J'avais autrefois la pression de tout un public. De tout un stade. J'étais sous le regard de tous ceux qui, depuis leur portable ou leur ordinateur, pouvaient en un clic me porter aux nues ou me critiquer. Là, la pression est différente. Personne ne viendra me dire quoi que ce soit si cette rencontre est un échec.

Mais si Julia éprouve pour moi de l'indifférence, je souffrirai bien plus qu'après un match raté. La victoire et la défaite sont collectives au football. En amour, on est seul. C'est paradoxal car l'amour vise l'union. En couple, on forme une nouvelle entité. Plus forte qu'un individu seul. Du moins au début. Du moins quand ça va bien. Je suis tendu. Je regarde les heures défiler sur ma montre. Il est 10h. Je vais aller l'attendre devant son lycée.

*

Je l'ai vue passer, vers 16h. Mais elle ne m'a pas vu. J'allais sortir de ma voiture. Mais son bus est arrivé au moment où j'allais la rejoindre. Signe du destin ?

*

Je ne crois pas que la voir à la sortie du lycée soit une si bonne idée. Trop explicite. Elle comprendra aisément mon attirance pour elle. Elle mérite mieux. Trouver une idée. Passer par sa mère est toujours aussi inenvisageable. D'ailleurs, depuis notre dernière rencontre, je n'ai plus eu de nouvelles de Mathilde. Comme si elle me boudait. Comme si elle cherchait peu à peu à m'exclure de sa vie. Elle n'a du reste jamais vraiment tenté de m'y faire entrer. Je ne sais toujours pas qui était son mari. Je ne savais rien de l'existence de Julia. Trouver une idée.

*

« Je suis tout à fait favorable à votre initiative, monsieur Moreno. Je pense qu'il s'agit là d'un bon moyen de sensibiliser nos jeunes à la lecture. Qu'un grand footballeur comme vous écrive un roman leur montrera que la littérature n'est pas si ringarde... »

Sympa, la proviseure du lycée Pagnol. Je n'ai pas eu à argumenter longtemps pour obtenir son accord.

« Je vous donne donc les coordonnées de notre professeur de français, mademoiselle Domigny. Si vous la connaissez un peu, cela devrait faciliter les choses. Je pense qu'elle sera très sensible à votre projet. Tenez-moi au courant... »

Mademoiselle Domigny. Cela vient confirmer qu'elle n'est pas mariée ! Ce qui ne veut pas dire qu'elle est célibataire. Mais c'est toujours ça !

*

« Le ballon est récupéré au milieu de terrain par Verani. Il lance dans la profondeur Moreno ! Moreno contrôle le ballon, et file vers le but ! Van der Koens tente de le tacler, mais Moreno le crochète ! Moreno frappe... But !!! Incroyable but d'Antoine Moreno !!! Arsenal mène un à zéro dans ce premier quart de finale de la Ligue des Champions !!! »

« Superbe passe de Verani, et surtout superbe exploit personnel de Moreno ! Regardez, Christian, comme Moreno a su ajuster le gardien du FC Barcelone. Il ne lui a pas laissé le temps de réfléchir. Après son crochet, sa frappe a été instantanée ! »

« Oui, vous avez raison, Philippe. On voit sur le ralenti le coup d'œil rapide de Moreno, qui a vu que le gardien était avancé et a décidé de le lober. Voilà donc Arsenal bien parti dans cette deuxième mi-temps ! »

Nous avons éliminé Barcelone cette année-là, mais ils ont eu leur revanche l'année suivante. Cette saison avait été pleine, même si nous n'avons finalement remporté aucun titre. Avec du recul, je pense toutefois que nous avions les moyens de sortir le Real en demi. Le foot se joue parfois à pas grand' chose...

*

Des buts. Des buts. Encore des buts. J'ai passé ma soirée à revoir un florilège de mes plus beaux buts. C'est un fan qui avait préparé ce dvd, et me l'avait envoyé à l'annonce de ma retraite sportive. C'est la première fois que je le regarde. Pas par égocentrisme, je vous rassure. Même si je ne peux nier que cela fait toujours plaisir de revoir ses exploits, même s'ils ne sont que sportifs. J'ai regardé ce dvd car on m'a demandé d'en proposer une projection. Ma venue au lycée de Julia a pris plus d'ampleur que je ne l'avais imaginé. Les autres professeurs en ont entendu parler, et ont voulu que j'intervienne aussi auprès de leurs élèves. Comme je n'allais pas venir quinze fois, il a été décidé que je m'exprimerai dans le petit amphithéâtre du lycée Pagnol. Au programme ? Projection d'une vidéo résumant ma carrière, puis présentation de mon projet d'écriture. Mon intervention m'a échappé. Pas illogique. Il y a meilleur plan drague que de jouer à l'intervenant dans un cours de français...

*

Une nouvelle enveloppe est arrivée. Il n'y avait à l'intérieur qu'une simple feuille, sur laquelle étaient notamment inscrits les mots suivants :

« Désolé, Monsieur Moreno, mais je ne vois pas comment continuer à vous donner des indices suffisamment implicites sans ne rien révéler... Je préfère que nous arrêtions là notre collaboration... »

Arrêter maintenant ? Sur l'image du cimetière ? Tout ceci est bien funeste... Et puis, je ne veux pas m'arrêter en si bon chemin ! J'ai réussi à retrouver la trace de Marie à Bologne ! Je peux bien le faire en France ! Si toutefois elle vit toujours dans le même pays que moi...

*

« Je suis désolé, Monsieur Moreno : je maintiens ce que je vous ai dit dans mon courrier... »

« Mais vous vous sous-estimez ! Je suis sûr que vous avez encore des éléments à me révéler ! »

« Il n'y a rien que je puisse faire pour vous... Hormis accomplir mon rôle de détective, et tout vous dire sur la personne qui vous intéresse... »

« Je vous ai déjà dit qu'il en était hors de question ! »

« Alors je ne peux plus rien pour vous... »

Silence. Puis j'ai raccroché. Avant que le détective ne le fasse. Je ne savais plus quoi dire. Plus quoi faire. Peut-être lui en ai-je trop demandé ? Après tout, j'ai exigé de lui qu'il tienne un rôle qui n'est pas censé être le sien... Dommage... Mais il me reste une chose à savoir...

« Je travaille, Monsieur Moreno... »

« Rassurez-vous, je ne serai pas long... »

Soupirs.

« Je vous écoute... »

« Envoyez-moi au moins un indice me permettant de savoir où elle vit désormais... »

Silence. Long silence. Il doit réfléchir.

« Vous savez... Cet indice... Vous le possédez déjà... »

*

Je posséderais donc déjà l'indice me permettant de savoir où vit Marie ? C'est étrange... Rien ne me permettait vraiment de le penser... À part les spaghetti bolognaises, aucun indice ne renvoie à un lieu géographique précis... Alors...

*

Bon, le mieux est de faire le point sur tous les indices qui m'ont été envoyés. Le mot prison. Ce peut être une piste. Marie serait en prison. D'accord, c'est sordide, mais c'est une possibilité. De l'eau. Il y a beaucoup de villes et villages à proximité d'une étendue d'eau. Même Megève tire son nom de l'eau : *Mag-eva*, le village au milieu des eaux. Les spaghetti bolognaises. Bologne. Piste déjà explorée. Le cimetière. Marie est-elle morte ? Qu'ai-je d'autre ? Seulement des indices qui peuvent renvoyer à une situation ou à un état, mais en aucun cas à un lieu. J'avais bien dans les premiers papiers du détective une reproduction d'un tableau de Bob Ross : une montagne blanche, avec à son pied des sapins et un lac. Mais cet indice n'a rien d'exceptionnel. Il doit évoquer le Mont-Blanc. Et donc les origines de Marie. Nous sommes deux enfants des neiges éternelles...

*

Les possibilités sont en réalité très limitées, et elles ne sont pas réjouissantes. Marie peut être morte ou emprisonnée. Ou alors elle vit près d'un point d'eau, ce qui ne m'est d'aucune utilité. Je vais aller me coucher. Il faut que je sois un minimum en forme. J'ai mon grand oral demain.

*

Les gosses ont été plutôt sympathiques. Ils avaient l'air très enthousiastes que je vienne les voir. Comme s'ils se sentaient honorés d'avoir un ancien champion à leurs côtés. Certains sont venus me demander de dédicacer leurs maillots de l'OM. Maillots parfois un peu grands pour leur âge... Maillots de saisons précédentes... Je soupçonne les pères d'y être pour quelque chose... Ils ont écouté attentivement ce que j'avais à dire, même si j'ai surtout eu beaucoup de questions sur ma carrière. Mon après-carrière les intéressait finalement assez peu. À leurs yeux aussi, j'ai plus d'intérêt pour ce que j'ai été, que pour ce que je suis actuellement.

*

Un petit pot avec les professeurs et le chef d'établissement.

« Merci encore d'être venu, Monsieur Moreno ! Nos élèves étaient ravis ! »

« Cela a été avec plaisir, Madame la proviseure... »

S'ensuivent des blablas et autres politesses d'usage. Rien de critiquable en soi. Mais moi qui avais imaginé mon intervention comme un moyen de me rapprocher de Julia, c'est raté. Comme j'étais la star de l'après-midi, tous les profs sont venus me parler à tour de rôle. Je n'ai pas eu une minute à moi. La rançon de la célébrité. Ou plutôt les quelques reliquats d'une célébrité qui va peu à peu s'étioler... Avant, c'était plateaux télé et soirées VIP. Maintenant c'est lycée et petits fours surgelés. Et demain ?

*

« Antoine ! Antoine ! »

Je ne suis pas sûr que l'on m'appelle. On m'a tellement parlé pendant le cocktail que j'ai la tête un peu pleine. Je sens une main frôler délicatement mon épaule. C'est Julia. Elle me sourit. Toujours ce même sourire. Je lui souris à mon tour.

« Tu pars de quel côté ? »

*

Julia et moi avons fait un bout de chemin ensemble. Vous imaginez la joie qui était la mienne. Pas seulement la joie de passer un moment seul à seul avec elle. Non : la joie de l'avoir vue venir jusqu'à moi. Nous avons bien discuté pendant le trajet.

« Tu es venu à pied ? »

« Oui. J'essaie de garder mes anciennes habitudes de sportif... »

Mensonge. Ma voiture était garée à une centaine de mètres du lycée. Mais j'étais trop heureux de pouvoir marcher à ses côtés.

« Tu as beaucoup plu à nos élèves... »

La discussion a commencé sur mon intervention. Forcément. Nous n'allions pas tout de suite parler d'autres choses.

« Je trouve ton projet d'écriture très intéressant... »

C'est la première à me le dire. Il y a bien un prof d'histoire qui m'en a parlé, mais sans entrer dans les détails. Je crois que c'était surtout par politesse. Ou gentillesse. Peut-être les deux.

Je regarde Julia. Je la trouve incroyablement belle. Plus que sa beauté, c'est son charme qui me transporte. Il émane d'elle quelque chose d'indicible. Comme un procédé magique. Suis-je le seul à y être à ce point sensible ?

« Julia... »

J'ai dû prononcer son nom avec une certaine gravité. Car elle me regarde avec une attention qui m'a d'abord surpris. Je sens que je vais être maladroit.

« Est-ce que tu as quelque chose de prévu ce soir ? »

*

Ressortir ses plus belles chemises. Ses plus beaux pantalons. Hésiter dans le choix de sa garde-robe. Sans que cette hésitation ne soit jamais perçue par la personne avec laquelle on a rendez-vous. Pour elle, on sera bien. Élégant. Et c'est la même chose de l'autre côté. C'est drôle. Cela fait partie du jeu. Je crois que ce qui compte en réalité, c'est l'implication que l'on met au préalable pour donner la meilleure image de soi-même. L'image, le moment venu, n'a plus la même importance. Ce n'est pas parce que je vais mettre cette chemise blanche, plutôt que cette chemise noire, que Julia va se forger une meilleure opinion de moi. Mais mon implication et mes hésitations ne sont pas vaines. Elles sont ma manière indirecte – et invisible – de lui signifier que j'ai des sentiments pour elle. Et Marie dans tout ça ? Je ne sais pas... Ou plutôt, si : j'ai toujours des sentiments pour elle. J'en ai finalement toujours eu, même si je n'avais pas vraiment le temps de m'en rendre compte. Quand j'y pense, aller dîner avec Julia ce soir n'est en rien incompatible avec mon ancienne vie. J'ai connu bien des filles après ma rupture avec Marie. Mais Marie était toujours là, quelque part. La différence vient du fait que je songe désormais souvent à elle. Que je n'ai pas abandonné l'idée de la revoir. Me dépêcher. L'heure approche. Et j'ai perdu beaucoup de temps tout à l'heure, en refaisant deux kilomètres à pieds pour récupérer ma voiture. Mais sans ces deux kilomètres, il n'y aurait pas de dîner ce soir.

*

Magnifique. Elle était absolument magnifique. J'étais sous le charme. Littéralement. Marie me hante. Julia me charme. Toutes les deux exercent un pouvoir sur moi. Presque magique.

Comment y échapper ? Ces deux pouvoirs peuvent-ils se contrer ? S'annuler ? Je ne le souhaite pas. Il est si doux d'être amoureux... Même si c'est de deux femmes en même temps...

*

Julia n'est pas seulement belle. Elle est drôle. Intelligente. Pleine d'esprit. Elle ressemble à sa mère, en ceci que je me suis senti immédiatement à l'aise avec elle. Inviter une femme à dîner si rapidement n'est pas vraiment ma manière naturelle de procéder. Cela ne me correspond pas. Je m'en suis d'autant plus rendu compte après coup. J'avais l'impression que l'homme qui l'avait invitée à dîner était un autre. Et, en même temps, ce sentiment d'étrangeté n'a pas duré très longtemps. Comme si je commençais à devenir naturellement quelqu'un d'autre. C'est possible. Cela fait déjà un certain temps que je suis retraité...

*

Je reprends l'écriture. J'avais abandonné pendant quelque temps. Enfin, abandonner est un bien grand mot. Je m'adresse à vous, lecteurs potentiels, sans savoir si vous me lirez un jour. Je ne suis pas sûr qu'il y ait réellement une volonté éditoriale dans mon projet d'écriture. Marie m'avait offert ce cahier électronique, et j'ai décidé d'y noter mes impressions de jeune retraité. Rien de plus. Peut-être l'écriture est-elle pour moi une forme de psychanalyse bon marché ? Mon frère m'avait conseillé de consulter un psy. Vu le mal-être que j'éprouvais à la fin de ma carrière, il pensait qu'un spécialiste pourrait m'aider. Je n'y suis jamais allé. J'avais des réticences. La flemme, aussi. Bref, sans doute pas l'envie de chercher des réponses dans mon passé. Trop douloureux. Après tous les efforts que j'avais accomplis pour devenir professionnel, puis pour me maintenir à un très haut niveau de performances, je n'avais pas envie de me faire à nouveau mal. On peut me critiquer pour cela. Un psy ne manquerait pas de le faire. Mais on peut aussi me comprendre. Certains psys le feraient sans doute également.

*

Je viens de donner un bel exemple de mes réticences à me livrer sur certains points. Je voulais exprimer les raisons qui m'avaient tenu éloigné de l'écriture. Mais je ne l'ai pas fait. Il faut dire que j"ai été interrompu avant la fin.

« J'y vais, mon amour : à tout à l'heure ! »

Eh oui : je vis désormais avec Julia...

*

« Je vis désormais avec Julia ». Cette phrase a été comme un blocage pour moi. Comme si je n'avais pas le droit de l'écrire. Pas ici. Pas dans ce cahier. Cahier offert par Marie. Ma nouvelle vie avec Julia est merveilleuse. Elle me rend heureux. Très heureux. Cette jeune femme n'est pas qu'une image charmante. Elle est telle que je pouvais l'espérer. On aime parfois à se représenter une personne qui nous attire comme une sorte de perfection. Stendhal l'a bien montré dans son traité *De l'amour*. Oui, j'ai lu ça quand je commençais à flirter avec Julia. Mais je suis cette fois-ci en désaccord avec ce grand auteur. Je sais bien que Julia est comme tout le monde : elle a des qualités et des défauts. Mais le terme de défauts ne semble pas lui convenir. Il y a autre chose chez elle. Elle n'est pas toujours ponctuelle. Elle peut être un peu désorganisée. Mais ce ne sont pas là des défauts. Plutôt sa manière personnelle d'être au monde. Tout ça pour dire que le plus parfait amour est sans doute celui où l'on se fourvoie le moins. On se trompe toujours en amour. C'est le principe même de ce sentiment. Mais je crois que le parfait amour consiste à rencontrer la personne qui nous convient le plus. Celle dont notre bonheur futur dépendra. Je n'ai aucun doute à ce sujet : Julia est la personne que j'aurais aimé rencontrer pendant ma carrière. Celle avec qui j'aurais aimé avoir des enfants. Fonder une famille. Le problème, c'est que Marie aussi est cette femme-là. Ou était cette femme-là. Après tout, je ne sais toujours pas ce qu'elle est devenue...

*

Je devrais être au comble du bonheur. Je suis riche. Jeune. Retraité. Sans aucun souci de santé. Amoureux et aimé d'une femme exceptionnelle. Mais il y a toujours quelque chose qui ne va pas. Un grain de sable qui grippe l'ensemble du mécanisme. Marie. Marie. C'est elle qui m'empêche d'aller de l'avant. Elle qui s'oppose – sans même le savoir – à la possibilité pour moi d'être enfin parfaitement heureux. Mais est-ce réellement Marie ? N'est-elle pas plutôt une incarnation imagée de mon passé ? De ma jeunesse ? Je sais bien que ma jeunesse est définitivement derrière moi. Je le sens dans mon corps. Bien sûr que je peux accomplir beaucoup de choses. Les rhumatismes. Les déambulateurs. Les problèmes de santé récurrents. L'interdiction de pratiquer telle ou telle activité. Tout cela est encore très loin de moi. Je connaîtrai ces problèmes, un jour. Je le sais. Le simple fait d'en parler m'angoisse déjà. Ne plus pouvoir vivre comme avant... Devoir renoncer à ce que l'on était... et notamment à ce que l'on était capable de faire... Je regarde les personnes âgées dans la rue avec compassion. Je ne manque jamais de leur adresser un sourire. De leur témoigner ma compassion. Les pauvres, quand même. Ils sont dépendants. Après avoir été autonomes une grande partie de leur vie. Ils ont été beaux. Jeunes. Forts. Pleins d'enthousiasme. Ils conservent une forme de beauté. Mais leurs forces... Mais leur énergie... les quittent peu à peu... ne sont plus de la même nature qu'autrefois... Je crois que je comprends d'autant mieux ce qu'ils vivent, que je l'ai moi-même douloureusement ressenti. Je peux bien sûr continuer à aller faire des matchs de foot. Avec le mari de Malika et ses amis, nous allons faire quelques parties de futsal le dimanche. C'est très agréable. J'ai conservé un bon niveau. Un très bon niveau même. Je suis d'ailleurs obligé de limiter mes actions sur le terrain, tant il y a une différence de niveau entre eux et moi. Même des gamins de 25 ans n'ont pas mon niveau actuel. Il n'y a là rien d'étonnant. Tous les enfants rêvent un jour de devenir footballeur. Si ce métier n'était qu'une question d'envie, cela se saurait. Mais pour des milliers de jeunes footballeurs amateurs, seulement un d'entre eux passera professionnel. Et encore : que veut dire passer professionnel ? Jouer dans un club quelconque de Ligue 2 ? Ou aller jouer dans les grands clubs européens ? J'ai été l'exception des exceptions. Non seulement j'ai réussi à devenir professionnel, mais je suis parvenu à faire partie de la crème de la crème. Formé à l'Olympique de Marseille. Parti en Italie. Turin. Juventus. Puis en Angleterre. Londres. Arsenal. Enfin retour à Marseille pour la fin de ma carrière. Une cinquantaine de sélections en équipe de France. Deux participations à la coupe du monde. Il y a pire parcours. Même si les titres n'ont pas non plus été extrêmement nombreux. En y réfléchissant bien, je comprends les raisons pour lesquelles j'ai été si bien payé. J'ai été l'exception des exceptions. Dans un métier que beaucoup d'hommes rêveraient de pratiquer au quotidien. Donc dans un domaine fortement concurrentiel. Quand vous jouez en Europe, il ne s'agit pas d'être un bon joueur français. Il s'agit d'être meilleur que tous ces joueurs venant d'autres continents, et ayant pour principal objectif d'atteindre eux aussi la gloire. C'est une remise en question permanente. Mais je me suis considérablement éloigné de mon propos. Preuve que cela me pèse... La déchéance physique. Oui, je la comprends. Je la ressens dans ma chair. Je suis toujours un excellent footballeur. Mais juste pour des parties de futsal entre amis. Si je souhaitais redevenir professionnel, je n'aurais plus le niveau de ces grands clubs dont j'ai été pendant un temps l'attraction. Je vieillis. Mon corps ne peut plus accomplir des actions de la même qualité qu'autrefois. C'est là un signe annonciateur. Viendra le temps où je ne pourrai plus jouer au foot. Où je devrai me contenter de le regarder à la télévision. C'est comme cela. La jeunesse éternelle n'existe pas. Malgré toute la richesse qui est la mienne, je n'y peux rien. Marie. Marie. Penser à toi. Avoir cette nostalgie de toi. Ne serait-ce pas la nostalgie de cette vie qui m'échappe ?

*

Week-end à Londres avec Julia. J'ai été invité au jubilé d'un de mes anciens partenaires d'Arsenal. Anglais. Défenseur. Un homme qui a accompli toute sa carrière dans ce club. Quelqu'un que j'aimais bien. Qui avait de vraies valeurs. Il avait parfaitement compris mon désir de finir ma carrière à Marseille. Mon club de cœur. Celui qui m'a formé. J'ai joué soixante minutes. Julia était dans les tribunes. Regarder un match de foot n'est pas son activité favorite, mais elle ne déteste pas non plus. Je trouve que son rapport à ce sport est très sain pour moi. Je n'aimerais pas être avec une fan absolue, qui ne cesserait de me parler de ma première vie. À l'inverse, je crois que cela me blesserait de vivre avec une femme qui, par snobisme ou désintérêt, dénigrerait totalement ce qui fut ma profession pendant une quinzaine d'années. Nous sommes allés nous promener dans les jolies rues de Londres. Nous avons été flâner dans le quartier chic de Chelsea, qui est aussi le quartier d'un des principaux rivaux d'Arsenal. Des supporters m'ont reconnu, mais tout s'est bien passé. Il y a en Angleterre une culture du foot qui n'existe pas en France, et qui rend les supporters nettement plus respectueux des joueurs. Même des joueurs adverses.

*

Je me rends compte que j'écris moins régulièrement dans ce cahier. Sans doute parce que ma vie est plus heureuse maintenant qu'il y a quelques mois. Julia y est forcément pour beaucoup. Je n'éprouve plus le même besoin de me livrer. De raconter mon quotidien. Je suis à nouveau dans l'action. Je vois tous les soirs la femme que j'aime. Julia est venue s'installer chez moi. Cela s'est fait assez vite. Je lui ai proposé très spontanément de vivre avec moi. Elle a accepté avec cette simplicité qui la caractérise. Cela change la vie de ne plus être seul. Notamment le soir, lorsque chacun retourne dans son foyer. Lorsque les connaissances et les amis ne sont, de ce fait même, plus disponibles. Je me sens moins angoissé. Plus serein. Il me manque pourtant toujours quelque chose. Ou quelqu'un. Je sais. Vous allez dire : Marie. Bien sûr que je continue à penser à elle. Peut-être aurais-je dû laisser le détective faire son vrai travail, puis aller à la rencontre de Marie. Tenter de la retrouver était un jeu qui m'amusait beaucoup. Mais pas seulement. Je crois que cela répondait à un besoin. Un besoin de comprendre. Un besoin de faire le point sur ma vie. J'ai parfois l'impression que je viens de me réveiller d'un long sommeil. Je suis tombé en léthargie au moment où j'ai quitté Megève pour aller au centre de formation de l'OM, et je me suis réveillé des années plus tard, dans la peau d'un riche adulte. J'ai la sensation d'avoir raté un épisode. Des épisodes. C'est vraiment étrange. La vie que je menais étant footballeur était une vie tellement mouvementée. J'entends par là qu'elle n'était composée que de mouvements. Les entraînements. Les voyages en avion. Les matchs. Les conférences de presse. Les opérations. Chirurgicales ou marketing. Inutile de poursuivre. Même si vous n'êtes pas à ma place, vous imaginez aisément ce que devait être ma vie. J'étais extrêmement bien payé. Mais il y avait une contrepartie : le temps. Trois semaines de vacances en juin. Une ou deux semaines au moment des fêtes. Et encore, quand je ne jouais pas en Angleterre ! Là-bas, on jouait le 26 décembre et le 1er janvier ! Bref, c'est le temps qui m'a le plus manqué pendant toutes ces années de professionnalisme. C'est ce temps pris qui m'a fait rater tous ces épisodes. Pas le temps de s'arrêter. Pas le temps de faire le point. Pas le temps de voir les autres évoluer. Toujours jouer. Toujours gagner. La nécessité quasi vitale de s'améliorer. Ou au minimum de se maintenir à un niveau satisfaisant, c'est-à-dire élevé. Je continue à penser que mon obsession pour Marie est liée à cette fuite du temps. En un sens, quand j'ai rompu avec elle, il s'agissait pour moi d'un acte temporaire. Je pensais la retrouver après, une fois ma carrière terminée. J'étais jeune. Je ne savais rien. Je ne pensais pas que le football serait la réalité majeure de ma jeunesse. J'ai gâché quelque chose. Et je viens de m'en rendre compte. J'aime Julia. J'aimais Marie. Je l'aime peut-être encore... Que faire ?

*

Un faire-part. Cela fait bien longtemps que l'on ne m'a plus invité à un mariage. J'ai assisté à beaucoup d'unions au début de ma carrière. Des coéquipiers qui se mariaient jeunes. Ils étaient parfois déjà parents. Leur mariage a duré pour un certain nombre d'entre eux. Même si je suis bien placé pour savoir qu'ils n'ont pas toujours été des modèles de fidélité. On compense les déplacements permanents comme on peut. Difficile aussi de résister à la tentation. Quand on est footballeur, on devient bizarrement plus séduisant que bien des hommes. Faire-part donc. Je me suis d'abord amusé à deviner qui cela pouvait être. Le jeu s'est ensuite transformé en angoisse. Et si... Et si c'était Marie qui se mariait ? Je sais : je suis obsessionnel. Mais tant que je n'aurai pas terminé l'inventaire de mon passé, je serai condamné à ramener beaucoup de choses à elle. J'ai peur de ce qu'elle est devenue, en somme. L'angoisse grandit. J'ouvre l'enveloppe. Ou plutôt je la déchire. Je n'ai pas la patience d'aller chercher un couteau. J'espère me tromper. Mon angoisse ne s'apaise pas lorsque je découvre l'identité de l'heureuse élue.

*

« Bonjour Clara, c'est Antoine. Antoine Moreno. Je voulais te dire que j'ai bien reçu ton faire-part. Je te félicite du fond du cœur pour ton mariage. Je serai bien sûr présent le 3 mai. Bon courage pour les préparatifs. Je t'embrasse »

Clara se marie. Cela a été une grosse surprise. En un sens, je crois que cette annonce m'a encore plus déstabilisé que s'il s'était agi de Marie. Je m'étais préparé à l'éventualité de voir le nom de Marie.

J'avais aussi imaginé le nom de quelques-unes de mes connaissances, hommes comme femmes. Mais le nom de Clara ne m'était pas venu à l'esprit. Sans doute parce que cela faisait déjà un certain temps que je n'avais plus de nouvelles fraîches. Nous sommes un peu restés en contact, mais nous ne nous sommes pas revus. Compliqué de revoir une femme avec qui je suis sorti à trois reprises, et qui m'a annoncé être en couple après une belle nuit d'amour. Je crois que c'est de là que vient ma surprise : je devais toujours percevoir Clara comme potentiellement mienne. Une femme qui, à l'image des femmes des marins d'antan, attendait fidèlement le retour de son mari, après des mois au loin, au large. Je sais : c'est terriblement égoïste. En disant cela, je me rends compte que j'ai en quelque sorte agi de la même manière avec Marie. Elle comme Clara étaient dans mon esprit toujours présentes, quelque part, à m'attendre. Comme si le temps n'avait de valeur que de mon point de vue. Je ne sais pas si ma carrière a eu un impact sur cette conception étrange des relations amoureuses. Quand on est pro, on est tellement habitué à être bichonné par le staff technique, que l'on en devient capricieux. Je pensais avoir résisté à cet égoïsme. Je viens d'en avoir un clair démenti. Peut-être qu'à vouloir lutter contre cette réalité du footballeur professionnel, j'ai fini par détourner cet égoïsme dans le cadre de mes relations amoureuses ? Toujours est-il qu'il faut que je me réveille. Fini de jouer. Je dois me réjouir pour Clara. Elle a toujours été présente pour moi. Nous avons vécu beaucoup de beaux moments ensemble. J'ai trouvé le bonheur avec Julia. Je sais que je l'écris peu. Sans doute parce que le bonheur se dit peut-être moins que le malheur. J'ai toujours été surpris par cette difficulté à dire « je t'aime » à un proche. Je regrette désormais de ne pas avoir assez dit à mon père que je l'aimais. Mais je ne parviens pas pour autant à dire davantage à ma mère, ma sœur et mon frère que je les aime. Ce qui pourtant est le cas. Je sais toutefois que je suis loin d'être le seul à connaître cette situation. Bref, je suis heureux avec Julia. Et je sens qu'elle est heureuse avec moi. Je ne sais pas si nous resterons toujours ensemble. Mais je dois cesser de me créer cette « réserve du bonheur », avec Clara et Marie.

*

Julia ne pourra pas venir au mariage de Clara. Elle participe ce week-end-là à un colloque sur Proust, en Allemagne. Je lui ai expliqué ce qu'avait été Clara pour moi. J'ai préféré être parfaitement honnête. Comme d'habitude, Julia m'a écouté avec attention, et toujours ce même naturel qui me permet de me sentir à l'aise. Même lorsque ce que j'ai à annoncer n'est pas particulièrement plaisant. C'est vrai que je ne dis pas assez dans ce cahier que j'aime Julia. Je l'aime. Avant, j'aurais sans doute dit qu'elle était la femme de ma vie. Je me rends compte que c'est un peu plus compliqué que cela. Non pas que Julia ne soit pas merveilleuse. Mais elle n'est pas la seule, dans mon esprit, à pouvoir revendiquer ce statut...

*

De retour à Megève. Mon village bien-aimé. Mais de plus en plus désert. Ce qui arrive à ma commune est catastrophique. La vie quitte peu à peu ses jolies rues pavées. Les soirées sont tristes, vides de sens... Non pas que les Mégevans acceptent la situation avec fatalité. Il y en a qui œuvrent au quotidien pour que le village conserve son dynamisme. Conserve une âme. Mais le mal est déjà fait. À vouloir engranger le plus d'argent possible en un temps limité, les Mégevans ont condamné les générations futures à l'exil. Presque plus de commerces de proximité. Des terrains vendus à des propriétaires richissimes, venant là une à deux semaines dans l'année. Je n'accable personne. On est toujours un peu égoïste dans la vie. Je n'échappe pas à la règle. Et puis Megève est victime de son succès, comme d'autres lieux touristiques en France. La demande fait monter l'offre. Un village se transforme en station. C'est triste. Mais que peut-on y faire ? On m'a proposé une fois un poste d'adjoint au sport. J'ai refusé. Ce n'est pas en organisant un tournoi de curling ou en construisant une nouvelle piscine que les choses changeront. Mais j'ai des regrets, parfois... Ce village a été le lieu où j'ai grandi. Il est le lieu de mes racines. Le lieu où je me suis construit peu à peu. N'est-il pas ingrat de l'abandonner ? Il est vrai que la perspective de vivre à Megève à l'année ne me tente guère. Trop triste. Et pourtant...

J'ai l'impression que moi et mon village avons un point commun : notre rapport au temps. Lui comme moi avons grandi en nous focalisant sur la gloire. L'enrichissement. Nous étions totalement concentrés sur une réussite à court terme. Sans nous rendre compte que le temps passait. Et qu'il emportait avec lui des choses tout aussi importantes que celles que nous amassions, si ce n'est plus...

*

Je ne voulais pas que Julia m'accompagne à Megève. J'avais envie de lui présenter mon village sous son meilleur jour. La fin du mois d'avril – période de la fonte des neiges – n'est pas vraiment recommandée pour le tourisme. Elle a pourtant beaucoup aimé ce séjour. Peut-être parce que c'était chez moi.

« Bien sûr, mais je trouve que ton village a vraiment du charme ! »

« Tu sais, c'est encore plus joli et animé en plein hiver, et même en été... »

« Peut-être, mais je ressens une âme dans ces rues... Ce n'est pas comme certaines stations... On voit que des gens ont vraiment vécu ici, avant l'avènement du tourisme... Et on sent qu'il y a encore une vraie vie... »

Je lui ai souri.

« C'est parce que tu es mégevan que tu ne t'en rends pas compte... »

C'est possible...

« Tu sais, Antoine, je crois que tu as raison : tu peux apporter quelque chose à ton village. Je ne sais pas comment, mais je crois que tu pourrais faire quelque chose pour Megève... »

Je vais y réfléchir. Cela me trotte dans la tête depuis un certain temps.

*

Voici venu le mariage de Clara. J'aurais bien aimé que Julia soit avec moi. Ce n'est jamais très agréable de se rendre seul à un mariage. On se sent toujours un peu gêné. Surtout à mon âge. Mais je ne me voyais pas poser un lapin à Clara. Bon, j'aurais pu employer une autre expression, je vous l'accorde. Mais c'est vraiment comme cela que je le ressentais. J'avais l'impression d'avoir une sorte de dette envers elle. Une dette amoureuse. Comme si ma présence, seul, en ce jour si important pour elle, était une sorte de paiement de mes atermoiements passés. Clara était superbe dans sa robe blanche. Le mariage a eu lieu dans les terres, dans le petit village du Beausset. Son mari est l'homme dont elle m'avait parlé au moment de notre ultime rupture. J'ai eu l'occasion de discuter avec lui. Il a vraiment l'air d'être quelqu'un de bien. Je suis heureux pour Clara. Très sincèrement. J'étais assez mal à l'aise en me préparant pour ce mariage. J'avais l'impression que le temps me volait encore une fois une personne qui avait compté pour moi. Dans quelques années, je vais avoir quarante ans. J'ai perçu ce mariage comme un rappel à l'ordre. Le signe que rien ni personne ne m'attendrait, si je n'agissais pas. J'ai pensé à Julia, et je me suis ressaisi. J'ai surtout été touché par le bonheur de Clara, qui était rayonnante au moment de son entrée dans la mairie. Tout regret s'est alors effacé. Je me suis réjoui sincèrement pour elle. La soirée s'est bien déroulée. Nous étions dans un petit restaurant provençal. Décoration soignée. Traditionnelle. Je ne connaissais pas les gens présents à ma table, mais j'ai bien sympathisé avec eux. Cela n'ira pas plus loin que le temps de cette soirée. Dans quelques jours, quelques semaines ou quelques mois, ils auront totalement oublié mon existence, et moi la leur. Mais nous aurons passé un bon moment le temps de ce mariage, et c'est bien là l'essentiel. Il commençait à être tard. J'ai profité d'une transition entre deux chansons pour aller saluer Clara et son mari. Ils semblaient occupés. Je leur ai fait un petit signe amical de la main. J'ai proposé de raccompagner quelqu'un, mais personne n'était intéressé. Sur le parking du restaurant, j'ai entendu une voix.

« Attendez ! Attendez ! »

Ah ! Un regret de dernière minute ?

« Je vais en direction de Marseille... »

« Ce n'est pas ça, monsieur : la mariée voudrait vous parler... »

*

Clara est arrivée.

« Bonsoir Antoine ! Je voulais te remercier d'être venu ! J'étais très contente que tu sois là ! »

Je l'ai regardée avec affection.

« C'était normal, Clara. Je n'aurais raté ce moment pour rien au monde... »

Nous avons marché quelque temps : il y avait une petite allée pavée près des pins.

« Je suis très heureux pour toi, Clara... »

Elle me sourit. Pudiquement.

« J'ai ressenti ton bonheur toute la journée. Cela faisait longtemps que je ne t'avais pas vue aussi bien... »

J'aurais pu m'arrêter là. J'aurais dû, même. Mais j'avais besoin de lui dire ce que j'avais sur le cœur.

« J'aurais aimé te rendre aussi heureuse que ton mari. J'ai essayé. Mais je n'y suis pas parvenu... J'avais pourtant des sentiments pour toi... »

Clara s'est arrêtée. Elle a pris mes deux mains dans les siennes.

« Je sais... »

Je me suis senti très gêné. J'ai pris conscience que j'avais fauté, en prononçant cette phrase.

« Nous devrions rentrer. Il ne faut pas que la mariée attrape froid ! »

Belle excuse. J'aurais pu trouver mieux.

« Non, ça va, je te remercie... »

À moi de mettre les pieds dans le plat.

« Il vaut mieux ne pas trop faire attendre ton mari : il va s'inquiéter... »

Clara sourit.

« Ne t'en fais pas : il sait très bien ce que tu représentes pour moi... Je lui ai dit que je voulais passer un peu de temps avec toi, avant que tu ne t'en ailles... »

Je lui souris à mon tour.

« Tu avais quelque chose à me dire ? »

« Oui. C'est délicat de te présenter les choses comme ça, alors que nous ne nous sommes pas vus depuis pas mal de temps... »

« Je t'écoute... »

« Je voulais savoir, Antoine... Est-ce que tu es heureux ? »

*

Est-ce que je suis heureux ? Grande question. Belle question. Une question qui se pose, effectivement. Quelle réponse apporter ? Oui, bien sûr, je suis heureux. C'est d'ailleurs la réponse que je lui ai faite. Mais Clara ne semblait pas convaincue.

« Je suis amoureux, tu sais... »

« Oui, je vois que tu es amoureux. Mais il y a quelque chose d'autre... »

Je lui ai alors parlé de Marie. Puis, pêle-mêle, de mon rapport au temps. Puis de mon rapport à mes origines. À mon village.

« Tout cela doit te sembler bien confus, surtout le jour de ton mariage... »

« Non, pas du tout. Je voulais savoir, Antoine... »

Je ne savais pas trop quoi dire. Je l'ai raccompagnée vers le restaurant. Cela faisait trop longtemps que Clara s'était absentée. Je l'ai embrassée. Pas comme autrefois, bien sûr. Mais pas comme un simple ami non plus.

« Quand je t'ai dit que je regrettais de ne pas t'avoir rendue heureuse, j'étais sincère. Tu as été parfaite, Clara. Il a manqué quelque chose. Je ne sais pas quoi. Mais je sais que tu as été parfaite. Tu auras toujours une place à part dans mon cœur... »

Elle est venue dans mes bras. Notre étreinte n'a pas duré longtemps, mais elle était belle et intense.

« Avant de partir, Antoine, je voudrais te donner ce conseil. T'aider à connaître ce bonheur que tu mérites... »

Silence.

« Retrouve Marie. Apprends à la connaître. C'était moi autrefois. Ce sera Julia demain. Fais un choix fort. Ne passe plus à côté d'une femme amoureuse de toi... »

Elle est repartie dignement. Son mari l'attendait en haut des marches. Se soucier de mon bonheur. Le soir de son propre mariage. Cette femme était vraiment très amoureuse de moi. Et, peut-être, l'est-elle toujours...

*

Faire un choix. Clara a raison. Je ne peux plus demeurer dans un entre-deux. Cela n'amènera rien de bon. Elle a tout compris. Je peux lui faire confiance. Après tout, elle est la seule femme à avoir été trois fois en couple avec moi. Elle a eu l'occasion de me connaître, de m'analyser devrais-je dire, à différentes périodes de ma vie. Elle aurait d'ailleurs pu être la femme de ma vie. Mais il manquait quelque chose. Ce magnétisme qui est présent chez Julia et Marie, elle ne l'avait pas. Je comprends maintenant que je l'aimais. Mais pas comme elle m'aimait. Le décalage n'était peut-être pas immense. Mais l'amour peut-il supporter la moindre différence ? Clara est revenue trois fois : c'est déjà beaucoup. Faire un choix. C'est parce que je n'étais pas conscient de mon indécision que je ne suis pas parvenu à fonder un foyer. Je ne savais pas à quel point Marie me hantait. Je l'ai compris tardivement. J'ai essayé d'y remédier. Mais je n'ai pas vraiment fait les efforts nécessaires. Essayer de la retrouver avait pour but de me rassurer. Me donner bonne conscience. Avoir des indices sur Marie. Remonter sa trace. Mais sans jamais trop m'approcher d'elle. Il va falloir que je la retrouve. Je ne veux pas perdre Julia. Je dois exorciser mon passé. Même si cela va me faire mal...

*

Pour fêter le retour de Julia, je l'ai invitée à dîner dans un joli restaurant, situé dans le petit port du vallon des Auffes, à Marseille. J'avais hâte de la revoir. Son absence − et cette discussion avec Clara − m'ont vraiment fait prendre conscience des sentiments que j'avais pour elle. J'ai passé l'après-midi précédant le retour de Julia à lire mon cahier. J'ai vu que je n'étais pas heureux. Ou, du moins, que je n'exprimais pas assez mon bonheur. Le bonheur que je sois à Julia, et qu'elle soit à moi. Cela m'a frappé. Il faut donc vraiment que je fasse quelque chose.

*

Impossible de parler pendant la soirée. Ni le lendemain. C'est comme si une une force extérieure exerçait un pouvoir paralysant sur moi. Je dois m'en détacher.

*

Nous sommes allés nous promener dans les rues de La Cadière-d'Azur. Julia devait aller arroser les plantes de Mathilde, partie en Suède pour une petite semaine. J'ai songé à la première fois où j'avais croisé Julia. La première fois où son joli regard s'était porté sur moi.

« Mon cœur, il faut que je te dise quelque chose... »

Julia m'a regardé d'un air triste. Un air que je ne lui connaissais pas.

« Moi aussi... »

*

Dans le train. Direction Annecy. Direction Marie. C'est Julia qui m'a révélé où vivait Marie. Avant même que je ne lui en parle. Elle sait tout. J'ai d'abord cru faire un mauvais rêve. Comment Julia pouvait-elle connaître l'existence de Marie ? J'ai tout de suite pensé à Clara. Clara aurait-elle appelé Julia ? Je me suis vite rendu compte que cela n'était pas possible. Clara est en lune de miel. Je la verrais mal contacter ma compagne. Surtout que Clara venait de me donner un conseil personnel. Si j'ai pensé l'espace d'un instant à cette possibilité, c'est parce que j'ai conscience d'être lâche. D'avoir peur. Peur de tout avouer à Julia. Peur de retrouver Marie. Clara me connaît bien : elle aurait pu penser que contacter Julia aurait eu valeur de déclencheur. Mais il n'en a rien été.

« Je suis désolé, Antoine... Je sais que je n'aurais pas dû... »

Julia a lu mon cahier. Je l'avais laissé allumé, un jour, sur le canapé du salon. Je ne m'en rappelle même pas. Appelez ça un acte manqué.

« Je pense que tu dois revoir Marie. Je ne veux pas que tu sois malheureux avec moi... »

« Mais je suis heureux avec toi, Julia ! Je t'aime ! »

Julia s'est mise à pleurer. Je l'ai prise dans mes bras. Je me suis senti mal. Terriblement mal.

« Je sais que tu m'aimes... Mais... »

Elle a lu une bonne partie de mon cahier. Elle sait désormais l'ambiguïté de mes sentiments amoureux. Inutile de lui cacher.

Le temps passe. Julia se calme. Elle sort de mes bras. Je la regarde en lui souriant. Discrètement. Je sèche sa joue avec ma main gauche.

« Arrêtons-nous là, Antoine... Je ne me sens pas capable... »

Elle n'a plus rien dit. Elle m'a tendu un billet sur lequel se trouvait l'adresse du travail de Marie. Elle est partie. Je l'ai appelée. J'ai essayé de la rattraper. Mais je ne voulais pas insister. Elle ne pouvait plus.

*

Marie vit donc à Annecy. La ville la plus importante de Haute-Savoie. Un endroit charmant : grand lac entouré de montagnes, rues italiennes avec petits canaux et cygnes. Une merveille. La Venise française. J'aime beaucoup cet endroit. Marie et moi allions à Annecy l'été, pour nous baigner dans le lac et nous promener dans la vieille ville. Nous rêvions un jour d'y habiter ensemble. Je vois que le rêve est devenu pour elle réalité. J'ai choisi de prendre le train. Le temps de préparer quelques affaires, et j'étais à la gare de Marseille Saint-Charles. J'aurais pu prendre l'avion jusqu'à Genève, puis le taxi. Plus simple. Plus confortable. Mais j'ai eu envie de prendre le train. Comme autrefois. Comme lorsque je rentrais à Megève pour revoir ma famille. J'étais alors toujours excité à l'idée de retrouver ma région. De passer à nouveau du temps avec ceux que j'aimais. Le simple fait d'être dans la gare était en soi une fête. Ce que je vais dire va peut-être vous sembler paradoxal, mais attendre dans la gare était un des moments les plus heureux de mes vacances. C'était le temps de la projection. Le temps de tous les possibles. Il n'y a finalement rien de plus agréable que de se représenter le bonheur. C'est Rousseau qui a dit ça quelque part, je crois. Mais il ne doit pas être le seul à le penser. Prendre le train. Cette fois-ci, la perspective est différente. L'excitation est toujours présente, mais elle s'accompagne d'une réelle anxiété. Le départ de Julia m'a mis devant le fait accompli. M'a forcé à faire ce que j'aurais dû faire il y a bien longtemps déjà. La peur est toujours présente, mais elle est tout de même atténuée. Comme lorsque l'on a deux douleurs en même temps, en fait. On les ressent toutes les deux, mais leur double présence rend chacune un peu moins vive que si elles étaient seules. Marie. Julia. Quelque chose d'important pour moi va se jouer à Annecy. Vais-je tout perdre ?

*

Marie possède une galerie d'art à proximité du canal du Thiou, en plein cœur du vieil Annecy. C'est la seule adresse dont je dispose. Julia l'a obtenue en contactant le détective qui m'avait envoyé les indices symboliques. Elle n'était finalement pas allée en Allemagne pour son colloque. Elle s'était rendue à Annecy. Mais je ne sais pas ce qui s'est passé là-bas. A-t-elle vu Marie ? L'a-t-elle rencontrée ? Et si c'est le cas, qu'ont-elles pu se dire ?

*

Je vais bientôt arriver à Annecy. Pendant le trajet, je me suis remémoré tout ce que j'avais vécu depuis mon enfance. Les moments de joie. Les moments de peine. Tout. Tout est ressorti, sans que je cherche à en avoir le contrôle. Ce qui m'est arrivé m'a donné une impression étrange. La mort. J'ai eu le sentiment de vivre ce qui est censé arriver au moment de la mort. Toute ma vie a défilé devant mes yeux. Mais lentement. Je devenais spectateur d'une histoire où je n'avais plus mon mot à dire.

*

Le canal du Thiou. Le quartier des vieilles prisons. Je comprends mieux le papier jauni avec le mot prison. Astucieux. Mon cœur bat la chamade. J'ai parfois l'impression qu'il va exploser. Je fais une crise d'angoisse. J'ai l'habitude. Je suis quelqu'un d'émotif. Mieux vaut ne pas perdre de temps. J'avance d'abord rapidement. Puis je ralentis lorsque j'approche de l'église Saint-François de Sales. Je sais que la galerie de Marie n'est plus loin. Je ne veux pas qu'elle me voie. Pas tout de suite. Je vais être prudent.

Je vois la galerie. Mais pas encore Marie. J'ai retiré mes lunettes. Je préférais avoir une vision impressionniste. Je crois que j'ai d'abord besoin de la revoir floue. La revoir telle qu'elle est maintenant serait trop violent.

*

Je l'aperçois. Je ne la distingue pas bien. Mais je sais que c'est elle. Elle est toujours brune. A toujours les cheveux assez courts. Elle est en train de parler à un client. La scène dure quelques minutes. Je commence à me calmer peu à peu. Mon cœur bat toujours assez vite. Je crois qu'il ne se calmera que lorsque j'aurai engagé la conversation avec Marie. Elle raccompagne le client vers la sortie. Rentre dans sa galerie. Range quelques affaires. Éteint la lumière. Ferme la porte. Voilà l'occasion. À moi d'aller à sa rencontre.

*

Elle est partie de manière précipitée. Elle ne court pas, mais marche d'un bon pas. Je n'ai pas pu aller à sa rencontre. Seulement la suivre. Elle s'engage dans les rues du vieil Annecy. Salue un commerçant qu'elle semble bien connaître. Marie. Tu m'as suivi sans le savoir toutes ces années. C'est moi qui te suis, désormais. Mais rien ne change : tu me fuis toujours. Que vais-je lui dire ? La rejoindre d'abord. Je verrai bien le moment venu.

*

En la suivant, je me rappelle tous les bons moments passés avec elle. C'est toujours l'image de la jeune Marie qui apparaît. Il faut dire que je ne la vois toujours pas nettement. Je me tiens à une distance respectable. J'attends que nous soyons dans un espace moins fréquenté pour pouvoir lui parler. Mon cœur s'est remis à battre de plus belle. Marie. Je vais enfin te retrouver !

*

Marie a tourné à gauche. Elle ralentit progressivement sa marche. Elle doit être arrivée. J'imagine qu'elle rentre chez elle : ce sera bientôt l'heure du déjeuner. Je la suis toujours. Elle finit par s'arrêter.

*

Une école.

« Maman ! »

*

Marie a deux petits garçons. Elle est venue les chercher pour les emmener déjeuner avec elle. Je n'ai pas cherché à m'approcher. Cela m'était physiquement impossible. Tous les muscles de mon corps se sont raidis. J'étais pris d'une sorte de tétanie. C'est comme si tout le temps écoulé depuis notre rupture s'était cruellement incarné devant moi. Je ne rêve pas. Les années ont passé. Marie et moi ne sommes plus ces jeunes gens qui s'aimaient. Elle est mère.

*

J'ai suivi Marie et ses enfants jusqu'à leur maison. Mais je n'ai pas fait l'effort de les rejoindre. Qu'aurais-je pu dire ? Tout m'aurait semblé déplacé. Marie est tout simplement passé à autre chose. Ce serait égoïste et égocentrique de ma part de lui en tenir rigueur. Elle n'allait pas m'attendre toute la vie. Elle aussi avait le droit de vivre ses propres expériences. De construire son propre chemin. Marie a ouvert la porte de son immeuble. Ses enfants sont entrés. Elle est entrée à son tour. Je voulais l'appeler. Je n'ai pas pu. Elle ne s'est pas retournée.

*

Je ne suis pas resté à Annecy. J'ai pris le premier train pour Marseille. Je n'avais pas envie de rester dans cette ville. Je m'imaginais séjourner à Annecy quelque temps. J'avais même réservé une chambre dans un hôtel. Mais j'ai laissé tomber. Me tenir en ces lieux plusieurs jours ne m'aurait rien apporté. À part me faire souffrir. Je sais que je ne serais pas allé voir Marie. Je sais que je ne la reverrai plus. Sauf par accident. Elle appartient à mon passé désormais. Un passé révolu. On vit tous avec des souvenirs. Nous en avons besoin. Cela fait partie de notre identité. Mais on ne doit pas vivre par ses souvenirs. C'est ce que je fais trop systématiquement depuis la fin de ma carrière. Il faut que j'arrête. Fini de jouer.

*

J'ai été pris d'une grande tristesse pendant l'ensemble du trajet. Je ne savais pas quoi dire. Je ne savais pas quoi faire. J'ai pensé à plein de choses. Mais rien n'était clair dans mon esprit. Autant ma vie défilait limpide au voyage aller, autant tout était confus au retour. Je suis arrivé chez moi. J'ai posé mes affaires. Pris une douche. Regardé la télé. Puis je me suis couché. Je pensais ne pas réussir à m'endormir. Je me suis réveillé à onze heures le lendemain. Hébété.

*

Je n'avais plus envie d'écrire. Je recommence seulement maintenant. Pour dire peu de choses, en fait. Mes dernières journées ? Passées à ne rien faire. Pour la première fois de ma vie, je me suis fait livrer des courses. Je n'avais pas envie de sortir. Pas envie de faire des efforts. Pas envie de voir du monde. J'avais besoin d'être seul. Je ne fais rien. Je me sens vidé.

*

Je n'ai plus de nouvelles de Julia. Pas étonnant. Nous ne nous sommes pas quittés dans les meilleures conditions du monde. Elle doit penser que tout est fini entre nous. Elle n'a peut-être pas tort. Quelque chose s'est cassé. Elle a appris des choses qu'elle ne devait pas savoir. Cela a dû la blesser. Peut-être même cela lui a-t-il fait peur ? Elle a dû me trouver bizarre. J'ai pour ma part du mal à lui pardonner d'avoir lu mon cahier.

« Je ne voulais pas Antoine... »

« Quand j'ai compris que ça parlait de toi, j'ai commencé à lire... »

« Je sens que tout ne va pas bien entre nous : j'avais besoin de réponses... »

Je ne lui en veux pas, dans le fond. J'aurais peut-être fait pareil à sa place. Mais j'ai quand même du mal à lui pardonner...

*

J'ai eu ma mère au téléphone. Mon frère et ma sœur aussi. Malika. Un ou deux anciens coéquipiers. La routine. Je ne leur ai pas dit ce qui m'était arrivé. Je ne sais pas si c'est du masochisme de ma part. Je crois surtout que je n'ai rien à raconter. Tout est clair désormais dans mon esprit. J'ai fait mon deuil de Marie. Je pense toujours à elle. Mais plus comme avant. Je revois la jeune fille avec qui je suis sorti. Celle qui a été mon premier amour. Mais ça s'arrête là. Elle n'existe plus comme la femme de ma vie. Elle est une des femmes de ma vie. Je ne sais pas si je suis clair. Je ne fais plus l'effort de l'être : à qui cela importe ?

*

J'ai reçu une carte de remerciements de Clara. Son voyage de noces au Mexique avait l'air très beau. Elle m'a mis un petit mot personnel. Avec son nouveau numéro de téléphone.

« Appelle-moi quand tu veux pour donner des nouvelles. Avec toute mon affection. Clara »

Je commence à aller mieux. C'est-à-dire que je sors de nouveau. Pour faire les courses. Prendre l'air. Cela ne va pas plus loin. Mais il y a du mieux. Clara. Je la vois comme une amie, maintenant.

Rien de plus. Je sens que Marie est en train de subir la même transformation dans mon esprit. Je prends mon portable.

*

Nous avons longuement parlé, avec Clara. Je lui ai surtout posé des questions sur son voyage de noces. Cela m'a changé les idées. Son bonheur me fait du bien. C'est bien la preuve que j'ai dû aimer cette femme. Pas comme Marie ni Julia. Mais je l'ai aimée. D'une certaine façon, peut-être. Mais c'était quand même de l'amour.

*

« Bonjour Julia, c'est moi... Je sais que ça fait longtemps que l'on ne s'est plus parlé, mais... j'aimerais te revoir... si tu le veux bien aussi... »

*

Je suis retourné faire du sport. Je ne supportais plus le fait d'être devenu une loque. J'avais pris du poids. Je ne faisais rien. J'étais devenu triste. J'ai décidé de me reprendre en main. Juste après avoir laissé un message sur le répondeur de Julia. Enfin, après avoir fait semblant de lui laisser un message. Je ne voulais pas être maladroit. Je me suis entraîné avant. Plusieurs fois. Mais rien de bien ne sortait de ma bouche. Je crois que je n'étais pas encore prêt. Il faut d'abord que je fasse ma mue. Je ne peux plus être l'homme qu'elle a connu. Je ne lui apporterais rien de bon.

*

J'ai passé tout l'été à l'étranger. J'ai suivi un stage en Angleterre. Dans un institut privé. J'ai un projet en tête. Un projet que je veux mener à bien. Moi-même. J'ai été logé chez mon ancien coéquipier d'Arsenal. Vous savez, l'anglais dont c'était le jubilé. Il entraîne désormais la réserve de ce club. Il m'a autorisé à venir m'entraîner avec les jeunes. J'avais besoin de retrouver une bonne condition physique. C'était un bon été. Cours le matin. Foot l'après-midi. Soirée avec Liam, sa femme et ses trois enfants. J'ai regagné Marseille avec plaisir. Je ne sais pas si j'ai changé. Mais je me sens différent.

*

4 septembre. J'entre dans sa classe.

« Antoine ? »

*

Megève. De retour à Megève. Avec Julia. Pour toujours ? Je n'en sais rien. Pour quelques années, déjà. J'avais besoin de me réconcilier avec mon passé. Pour vivre pleinement mon amour. J'aime Julia. Elle est la seule femme que j'aime. À ce moment précis. J'ai aimé Marie. J'ai aimé Clara. J'aurai toujours des sentiments pour elles. Mais je ne me sens plus divisé. Entre plusieurs lieux. Entre plusieurs femmes. Entre plusieurs vies.

J'aurais pu faire tel métier. Vivre en tel endroit. J'aurais pu avoir une existence très différente de celle que j'ai eue. Je ne regrette pas. Je ne regrette plus. Je suis la somme de mes expériences. Bonnes comme mauvaises. Tout ce que j'ai vécu m'a mené là où je suis maintenant. Et je me sens bien. Enfin. J'ai décidé de faire quelque chose pour ma commune. J'avais bien songé à me présenter à la mairie. Mais je ne suis pas fait pour ça. Je veux toutefois aider mon village. Faire en sorte qu'il ne se transforme pas en belle vitrine. Le village des automates. Pendant longtemps, c'est ainsi que je me le suis représenté. Comme si tout ne prenait sens qu'une fois la saison hivernale ou estivale commencée. J'ai choisi d'affronter la réalité en face. J'ai proposé à Julia de m'accompagner dans cette aventure. Elle a accepté. Je n'avais pas envie qu'elle sacrifie sa passion de la littérature pour moi. J'ai cherché. Longtemps. J'ai fini par trouver. Construire une vaste structure dédiée à la culture. Faire de Megève non pas seulement un lieu où l'on vienne pour skier, mais un lieu où l'on vienne pour apprendre. Se divertir. Se cultiver. Une structure qui fonctionne à l'année. Voilà la priorité. J'ai vendu mes deux hôtels sur la Côte d'Azur. J'ai tout investi dans ce complexe. La mairie a donné son accord. Preuve que Megève n'oublie pas ses enfants. Preuve que Megève n'est pas prête à abandonner son âme. J'ai trouvé ma voie. Je sais enfin quoi faire de mon temps. De mon argent. Julia va se voir confier la gestion du futur théâtre. Elle est très talentueuse. Je ne sais pas si ce projet marchera. Je ne me pose pas la question. J'ai simplement envie d'aider. Envie d'être heureux. J'ai été footballeur. Je ne le suis plus. J'ai tiré un trait sur ma vie passée. J'ai envie d'aller de l'avant.

*

« Jules, viens ! »

Il pleut. Jules entre dans la voiture.

« Alors, cet entraînement, ça s'est bien passé ? »

Jules est trempé. Il fait la moue.

« Qu'est-ce qui ne va pas ? »

« J'ai plus envie de jouer au foot, Papa ! »

Il n'est pas obligé. À chacun son parcours...

Éditions de l'onde étoilée
Illustrations : Manon Boschard
Imprimé par Createspace - États-Unis
Dépôt légal : mai 2016.
Prix T.T.C : 14 €.